1월의 모든 역사

한국사

한국사

1月

1월의 모든 역사

● 이종하 지음

디오네

매일매일 일어난 사건이 역사가 된다

역사란 무엇일까. 우리는 왜 역사에 관심을 갖는 것일까.

이 책을 쓰는 내내 머릿속을 맴돌던 질문이다.

아놀드 토인비는 역사를 도전과 응전의 개념으로 설명한 바 있다. 그 것은 인류사 전체를 아우르는 커다란 카테고리를 설명하기에는 더없이 좋은 개념이다. 그러나 미시적인 문제로 들어가면 얘기가 달라진다. 나 일 강의 범람 때문에 이집트에서 태양력과 기하학, 건축술, 천문학이 발 달하였다는 것은 도전과 응전으로 설명이 가능하지만, 예술사에서 보이 는 사조의 뒤섞임과 되돌림은 그런 논리만으로는 설명이 안 된다.

사실 역사란 무엇인가 하는 관심을 가진 지는 오래 되었다. 대학 시절 야학 교사로 역사 과목을 담당하면서 맨 처음 그 의문이 싹텄다. 교과서 에 나와 있는 대로 강의를 하는 것은 죽은 교육 같았다. 살아 있는 역사 를 강의해야 한다는 생각에 늘 고민이 깊었다. 야학이 문을 닫은 후에 뿌 리역사문화연구회를 만든 것도 그런 고민을 해결하지 못했기 때문이다.

뿌리역사문화연구회를 이끌면서 10년여에 걸쳐 '어린이와 청소년을 위한 교실 밖 역사 여행' '어린이 역사 탐험대'를 만들어 현장에서 어린 이와 청소년을 만났다. 책으로 배우는 역사와 유적지의 냄새를 맡으며 배우는 역사는 느낌이 전혀 달랐다. 불이학교 등의 대안학교에서 한국 사 강의를 맡았을 때도 그런 느낌은 피부로 와 닿았다.

그렇다고 역사를 현장에서만 접해야 한다는 것은 아니다. 역사 자체는 어차피 관념 속에 있는 것이며, 그것이 우리에게 구체적으로 구현되는 것은 기록을 통해서이기 때문이다. 역사는 과거이며, 그 과거는 기록으로 존재한다. 그러나 현재에 펼쳐진 과거의 기록은 현재를 해석하는 도구이고, 결국 미래를 향한다.

이 책은 매일매일 일어난 사건이 역사가 된다는 사실에 기초하여, 1월 1일부터 12월 31일까지 일어난 중요한 사건들을 날짜별로 기록한 것이다. 사건의 중요도에 따라 집필 분량을 달리하였으며, 『1월의 모든 역사 – 한국사』『1월의 모든 역사 – 세계사』처럼 매월 한국사와 세계사로 구분했다. 1월부터 12월까지 총 24권에 걸쳐 국내외에서 일어난 대부분의 중요한 역사적 사실들을 흥미진진하게 담으려고 했다.

이 책에 나와 있는 날짜는 태양력을 기준으로 한다. 음력으로 기록된 사건이나 고대의 기록은 모두 현재 사용하는 태양력을 기준으로 환산하여 기술했다. 고대나 중세의 사건 가운데에는 날짜가 불명확한 것도 존재한다. 그것들은 학계의 정설과 다수설에 따라 기술했음을 밝힌다.

수년에 걸친 작업이었지만 막상 책으로 엮여 나오게 되니 어설픈 부분이 적지 않게 눈에 들어온다. 그것들은 차차 보완을 거쳐 이 시리즈만으로도 인류 역사의 대부분을 일견할 수 있도록 만들고 싶다.

이 책을 쓰다 보니 매일매일을 성실하게 노력하며 살아야겠다는 생각이 든다. 매일매일의 사건이 결국 역사가 되기 때문이다.

이종하

차례

1月

1월의
모든 역사

1월 1일

■
.
■

—

1896년 1월 1일

태양력을 처음 사용하다

—

1895년 11월 17일 수요일, 실로 엄청난 일이 벌어지고 말았다. 그동안 사용하던 음력을 버리고 이날을 양력 1896년 1월 1일로 하는 태양력을 사용하기 시작한 것이었다. 이와 같은 조칙은 새로운 연호(건양)의 사용, 그리고 단발령과 함께 발표된 것으로 백성들에게는 큰 충격으로 다가왔다.

당시는 녹두 장군 전봉준이 처형된 지 불과 8개월, 명성황후가 시해된 지 석 달도 안 되는 때였다. 나라는 아직 국상 중이었고 지방에서는 분노한 젊은이들이 의병을 조직하고 있었으며, 미국과 러시아 등 열강들은 틈만 나면 국정에 개입하려고 하였다. 이러한 때에 태양력을 발표한 것은 어쩔 수 없는 시대적 필요성 때문이었지만 백성들에게는 혼란으로만 느껴질 뿐이었다.

음력 1895년 11월 17일을 1896년 1월 1일로 하는 태양력이 반포되자 백성들은 어리둥절할 뿐이었다. 이 업무를 맡은 관상소에서는 혼란을 줄이기 위해 음력을 양력으로 바꾼 새로운 책력을 만들어 미리 배포했다. 하지만 '갑자년 동짓달 기해일' 등으로 생각하던 시간을 '서기 1895년 11월 23일' 식으로 바꾸어 계산하자니 백성들은 그저 답답하기만 하였다. 가장 불편했던 곳은 관공서였다. 관공서에서는 그날그날 양력 날짜가 맞는지 일일이 확인하면서 일을 처리해야만 했다. 불편하기는 궁중도 마찬가지였다. 처음에는 궁중에서도 양력을 썼으나 선왕에 대한 삭망 행사와 생일 축하에 대해서만은 그해 8월 21일부터 다시 음력을 따랐다.

우리나라에서 그동안 사용해 왔던 음력은 달의 차고 기울어짐을 기준으로 하였고, 태양력은 지구가 해의 둘레를 한 바퀴 도는 기간을 1년으로 한다. 처음 태양력을 사용하기 시작한 곳은 이집트로 알려져 있으며 오늘날에는 전 세계적으로 사용하고 있다.

이집트인들은 매년 나일 강의 범람으로 고통을 받아 왔다. 이들은 나일 강의 범람이 동트기 전 지평선에 시리우스가 나타나는 시기에 일어난다는 사실을 알아냈고, 이를 관측하여 1년의 길이를 365.25일로 정하였다. 1년을 365일로 계산하고 이를 30일 단위로 12개월로 나눈 후, 남은 5일은 축제일로 정하였는데 이것이 바로 이집트력이다.

이집트력이 전 세계적으로 사용된 데에는 로마의 정치가 율리우스 카이사르의 역할이 컸다. 카이사르가 이집트 원정을 다녀온 후 로마의 역법을 이집트력으로 개정했기 때문이다. 카이사르는 원래 갈리아 지방의 총독이었는데 어느 날 그는 폼페이우스가 자신을 공격하기 위해 군사를 모으고 있다는 소식을 듣게 되었다. 그대로 앉아서 당할 수만은

없다고 생각한 카이사르는 기원전 49년 1월 11일, 군대를 이끌고 바람
같이 내달려 루비콘 강가에 이르렀다. 야트막한 언덕 위에서 루비콘 강
을 내려다보는 카이사르의 마음은 착잡했다.

'이 강을 건너면 곧바로 로마로 향하게 된다. 성공하면 로마를 장악
할 것이요, 만약 실패하면 더 이상 살아남지 못할 것이다.'

마음을 가다듬은 카이사르는 군사를 이끌고 로마로 진격했다. 걱정
했던 것과 달리 폼페이우스 군대는 그 수도 많지 않았고, 훈련도 제대로
안 되어 있었기 때문에 카이사르는 아주 쉽게 로마를 장악할 수 있었다.
폼페이우스를 뒤쫓아 이집트로 원정을 떠난 카이사르는 프톨레마이오
스 왕을 내쫓은 후 클레오파트라를 왕으로 세우고 로마로 개선하였다.

로마의 종신 독재관이 된 카이사르는 권력을 강화하기 위해 몇 가지
정책을 펼쳤는데 그중의 하나가 새로운 달력을 만드는 일이었다. 당시
로마에서 사용하던 달력은 4년을 한 단위로 하여 제1년이 355일, 제2년
이 377일, 제3년이 355일, 제4년이 378일이었다. 카이사르는 기원전 46
년을 15개월(445일)로 연장하여 끝낸 후 예전의 달력을 폐지하고 새로
운 달력을 만들었다. 이 달력이 바로 율리우스력이다.

카이사르는 왜 새로운 달력을 만들었을까? 당시 그가 이집트의 달
력을 본뜬 새로운 달력을 만들었다는 사실은 시사하는 바가 아주 크
다. 이집트인들은 오래전부터 나일 강 주변에서 농사짓고 살았다. 그러
나 주기적으로 범람하는 나일 강 때문에 강물을 이용하려면 강둑을 쌓
고 저수지를 만들어야 했다. 이집트 왕의 권한이 막강해진 것은 바로
이러한 이유 때문이었다. 왕이 백성들을 효율적으로 동원하려면 자연
의 움직임을 환히 꿰뚫는 능력이 필요했다. 그러므로 왕은 다른 누구보
다도 강물의 범람을 비롯하여 천체와 기상의 변화를 잘 알고 있어야 했

고대의 역법

지역	역법	기준	설명
중국력	원가력, 수시력	태음태양력	1년은 365.25일이므로 태음력에서 1년에 부족한 11일과 ⅓이 3년 후면 1년에 34일이 부족하게 된다. 따라서 실제 1년(또는 계절)과 비슷하게 하기 위하여 2년 또는 3년마다 한 달을 적당한 계절에 추가하여 계절과 맞도록 조절한 것이다.
인도력	구집력	태음태양력	
오리엔트력	바빌론력 유대력	태음태양력	
	이슬람력	순태음력	달의 삭망 주기를 한 달 단위로 하고 이 단위를 12번 반복한 것을 1년으로 정한 것으로 1년은 354일이다.
서양력	그리스력, 로마력, 마야력	태음태양력	
	이집트력 율리우스력 그레고리력	태양력	지구의 공전 주기인 1태양년을 기준으로 하여 만든 역법이다. 계절의 변화와 일치하지만 달의 삭망과는 전혀 관계없다. 이집트력에서는 1년을 365일, 율리우스력은 365.25일, 그레고리력은 365.425일로 하였다.
우리나라	칠정산 내외편 시헌력	태음태양력	

다. 그래서 왕은 학자들을 시켜 나일 강이 언제 범람하는지 세밀히 관찰하도록 하였고 강의 범람을 태양의 움직임과 연관시켜 달력을 만들게 하였다. 이렇게 만들어진 이집트 달력은 왕의 지배와 떼려야 뗄 수 없는 관계에 있었다. 백성들에게 달력은 그 자체만으로도 왕과 같은 존재였던 것이다. 카이사르가 로마의 독재자가 되었을 즈음에 새로운 달력을 만들었던 것 또한 이집트 왕이 신적 존재로서 백성들을 지배하듯이 자신도 절대 권력으로 로마인들을 지배하겠다는 속뜻이 있었기 때문이다. 그러나 카이사르는 소원을 이루지 못한 채 브루투스에게 암살되었다.

　　카이사르가 만든 율리우스력은 그레고리우스 13세 때까지만 해도 유
럽에서 사용되고 있었다. 그러나 이 달력에는 오랫동안 누적된 역법상
의 오차로 원래는 3월 21일이어야 할 춘분이 3월 11일로 되어 있었다.
춘분은 기독교에서 부활절을 정할 때 기준이 되는 날이기 때문에 10일
간의 오차는 매우 골치 아픈 문제였다. 결국 교황은 교회와 의논한 후
1582년 3월 11일을 3월 21일로 한다는 새 역법을 공포하였는데 이것이
바로 그레고리력이다. 이 역법에서는 윤년이 원칙적으로 4년에 한 번이
며, 연수가 100의 배수인 때를 평년으로 다시 400으로 나누어떨어지는
해를 윤년으로 하고 있다. 이 개력에 의해서 1년은 약 365.2425일이 되
었다. 이후 그레고리력은 유럽은 물론 지금은 거의 모든 나라에서 사용
하고 있다.

—

1949년 1월 1일
대한민국 정부 수립
—

　　1949년 1월 1일 미국은 세계 최초로 대한민국 정부를 공식 승인하
였다. 우리나라는 광복 이후 미국과 소련의 이념 대립에 의해 남북으
로 분단되었다. 이때부터 3년 동안 국내외적으로 통일정부 수립을 위
한 노력이 이루어졌다. 1945년 12월 미국 · 영국 · 소련은 모스크바에
서 외무장관 회의를 개최하여 미소공동위원회를 설치하고 한국을 최고
5년간 신탁통치 해야 한다고 결정하였다. 그러나 미소공동위원회가 실
패로 돌아가자 미국은 한국 문제를 유엔에 상정하였다.

　　한편 김구 · 김규식 등은 통일정부 수립을 위한 남한만의 단독 선거

를 반대하고 북한을 방문하여 남북 협상을 추진하였지만 북한의 반대로 실패하였다. 결국 1948년 5월 10일 남한에서만 총선거가 실시되었고 이 선거의 결과로 대한민국 제헌 국회가 구성되었다. 국회는 헌법을 제정하여 7월 17일에 공포하였고 초대 대통령으로 이승만을 선출하였다. 미군정에 의해 통치되던 우리나라는 1948년 8월 15일 국내외에 대한민국 정부 수립을 선포하였다. 이날 오전 0시를 기해 미군정이 폐지되었으며 일제의 침략으로 나라를 잃은 이래 우리 민족이 그토록 염원하던 우리의 정부가 수립되었다.

—

1962년 1월 1일

단기에서 서기로 연호 변경

—

우리나라는 정부 수립 직후 단기檀紀를 쓰다 1962년부터 서기西紀로 연호를 변경했다. 법률 제775호 연호에 관한 법률에는 '대한민국 공용 연호는 서력기원으로 한다'라고 하였고 '본법은 서기 1962년 1월 1일부터 시행한다. 본법 시행 당시의 공문서 중 단기로 표시된 연대는 당해 연대에서 2,333년을 감해 이를 서력 연대로 간주한다'라고 공표함으로써 서기를 공용 연호로 사용한 것이다.

1948년 9월 25일 대한민국 법률 제4호 연호에 관한 법률에는 '대한민국의 공용 연호는 단군기원으로 한다'라고 명시하여 광복 이후 우리나라는 단군기원을 국가 공용 연호로 썼다. 그러다가 5·16 군사 정변 이후 박정희 대통령 대에 이르러 서기로 변경되었다.

—

1905년 1월 1일

경부선 전 구간 개통

—

1905년 1월 1일부터 경부선 전 구간의 운행이 시작되었다. 1901년 8월 20일 서울 영등포역에서 처음 기공식을 가진 이후 약 4년간의 공사 끝에 1904년 12월 27일 완공된 것이다. 1899년 9월 18일 개통된 경인선에 이어 두 번째로 개통된 경부선 철도는 우리나라 국토 발전에 크게 기여하였으며 현재까지 사회·경제적 유통의 대동맥 구실을 하고 있다.

개항 이후 철도 부설권과 채광권은 식민지 체제를 구축하려는 서구 열강들의 치열한 각축장이 되었다. 특히 일본은 1880년부터 경부선 철도를 부설하려는 구상을 하였는데 철도 부설은 청일 전쟁에 접어들면서 대한제국 침략 정책의 최우선 과제가 되었다.

일본군 참모 본부는 강화도 조약 체결 이후 본격적인 한국 침략을 준비하고자 극비리에 군사 밀정을 파견하여 아주 작은 촌락의 지형·교통·경제·민정 등을 조사하였다. 부산 주재 총영사 무로다 요시부미는 본국의 명령에 따라 경부선 노선 예정지에 대한 비밀 측량을 실시하였다. 그리고 1898년 '경부철도합동조약'으로 철도 부설권이 일본인 회사에 강압적으로 특허되기까지 민간인을 앞세워 암암리에 기초 공작을 진행하였다.

공사의 진행은 우리나라 관민의 저항과 반대, 용지 매수 분쟁, 결빙과 홍수 등으로 많은 난관에 부딪혀 지지부진하였다. 그러나 러일 전쟁이 임박해지자 일본은 군사상의 필요에 따라 공사를 서둘러 강행하였다. 이로써 일본은 한국의 철도망을 일원적으로 장악하였고 일본 자본주의 시장권에 강제 편입시켰으며 대륙 침략을 위한 길을 마련하였다.

—

2008년 1월 1일

가족관계등록부 도입

—

2008년 1월 1일부터 가족관계등록부가 시행되었다. 이는 2005년 호적 제도가 폐지됨에 따라 신설된 제도로 '가족 관계의 등록 등에 관한 법률'에 근거하여 시행하는 것이다. 기존의 호적은 호주를 중심으로 작성되어 개인의 혼인이나 이혼, 입양 등의 인적 사항뿐 아니라 동일한 호적에 오른 가족 구성원 모두의 인적 사항이 드러나 개인 정보가 불필요하게 노출되었다. 개인의 존엄성과 양성평등의 헌법에 위배된다는 헌법재판소의 위헌 결정이 내려지자 이에 따라 호적부는 폐지되었다.

가족관계등록부는 증명의 목적에 따라 가족관계증명서, 기본증명서, 혼인관계증명서, 입양관계증명서, 친양자입양관계증명서 등 5가지로 구분하여 본인을 제외한 가족의 개인 정보 공개를 최소화했다. 또한 개인의 정보 보호를 위하여 발급권자는 본인이나 직계혈족, 직계비속, 배우자, 형제자매로 제한했다. 가족관계등록부의 도입은 호주제 폐지의 취지 및 양성평등의 원칙을 구현하고 가※를 전제로 하는 복잡한 사무 처리의 개선 등으로 업무의 효율성을 높이고자 한 것이다.

—

1964년 1월 1일

미터법 시행

—

1964년 1월 1일부터 계량법 제11조에 의해 토지 · 건물이나 수출입 · 무기 · 항공 · 선박 및 연구 분야의 특수 경우를 제외하고는 척관법이나 야드파운드법의 사용을 금지하고 미터법을 완전 시행하였다.

대한제국은 1905년 법률 제1호로 도량형법을 제정 · 공포하여 척관법을 미터법과 서양에서 사용하는 야드파운드법과 혼용하도록 하였다. 이때 비로소 척관법의 기본 단위인 척은 0.303m로 무게의 단위인 관은 3.75kg으로 정의하였다. 그 후 1961년 5월 10일 도량형 관계법이 폐지되고 새로운 형태의 계량법이 제정되어 미터법만을 사용하도록 하였다. 1983년 1월 1일에는 시행령 부칙 제2조에 의해 건물 · 토지에 사용되는 평坪의 사용도 금지하고 미터법으로 사용하도록 하였다.

—

1917년 1월 1일

근대 문학 최초 장편 소설 『무정』 연재 시작

—

1917년 1월 1일부터 매일신보에 춘원 이광수의 첫 번째 장편 소설 『무정』이 연재되기 시작하였다. 『무정』은 근대 문학 최초의 장편 소설로 1917년 6월 14일까지 총 126회 연재되었다. 이로 인해 이광수는 작가로서의 명성을 얻게 되었다. 『무정』은 굴곡이 심한 운명의 굴레를 바꾸려고 노력하는 박영채와 부유한 집안의 딸인 선형 사이에서 새로운 운명을 기대하며 갈등하는 이형식이 그리는 삼각관계를 구조로 하고 있다. 젊은 남녀의 애정과 갈등 심리를 섬세하고 구체적으로 잘 묘사하였지만 개화의 찬양이 일제의 식민지 통치를 합리화하고 있다는 부정적인 평가를 받기도 했다.

2002년 1월 1일

우리나라 최초의 여성 장군 탄생

2002년 1월 1일 육군 대령 양승숙이 준장으로 승진함으로써 우리나라 최초의 여성 장군이 탄생하였다. 양승숙 준장은 1973년 임관한 이래 1986년 중령으로 진급하였으며 국군 광주병원 간호부장, 1군 사령부 간호장교 등을 역임했다. 이어 1994년에는 대령으로 진급하였고 육군본부 간호병과장을 거쳐 제18대 국군 간호 사관 학교 학교장으로 재직하였다.

1월의
모든 역사

1월 2일

■
■
■

1410년 1월 2일

『조선왕조실록』 편찬이 시작되다

『조선왕조실록』은 조선 왕 25대 472년간(1392~ 1863)의 역사를 수록한 책이다. 이 책에는 조선 시대의 정치 · 경제 · 사회 · 문화 등 다방면의 내용이 기록되어 있으며, 국왕에서부터 서민에 이르기까지 모든 이의 생활 모습이 담겨 있어 민족 문화의 보고로 평가받고 있다.

그중 첫 번째인『태조실록』은 태조 승하 2년 뒤부터 편찬되기 시작하여 1413년 비로소 완성되었다. 현재 남아 있는 정족산본 1,181책, 태백산본 848책, 오대산본 74책, 기타 산엽본 21책, 총 2,077책이 유네스코 세계 기록 유산으로 등재되었다.

"사고를 열어서 그동안 마련해 놓은 사초를 빠짐없이 바치도록 하오."

　조선 태조 이성계는 어느 날 사관에게 이렇게 명하였다. 사초란 실록이 되는 일차 사료로서 절대 군주인 임금도 열람할 수 없는 국가의 1급 비밀이었다. 태조는 그런 사초를 보여 달라고 떼를 쓴 것이었다. 고려 왕조를 멸망시키고 조선을 창업한 이성계는 고려 말기의 실록과 위화도 회군 이후 조선 건국 6년간의 사초가 어떻게 기록되었는지 매우 궁금하였다. 이에 태조는 당나라 태종이 사초를 열람한 사례가 있음을 설명한 뒤 도승지 이문화에게 물었다.

"즉위 당시 역사 기록을 군왕이 볼 수 없는 이유가 무엇이오?"

"역사는 바로 쓰고 숨김이 없어야 하는데 만약 군주와 대신이 보게 되면 문제가 생기옵니다. 보복이 두려워 사실을 바로 쓰지 못할까 염려되기 때문에 보실 수 없는 줄로 아옵니다."

　사관들도 기나긴 상소문을 올리며 사초 열람이 불가하다고 주장하였으나 결국 태조는 사초를 보고야 말았다. 이로써 태조와 직접 관련이 있는 위화도 회군, 조선의 창업 과정, 고려 왕조의 몰락 등 예민한 사안들은 태조의 관점에 따라 부풀려지거나 축소되었다. 이후 태종 역시 『태조실록』을 편찬하는 과정에서 수정을 요구함으로써 태조 즉위 6년간의 기록들은 건국의 정당성과 왕권의 정통성을 강조하는 쪽으로 손질되었을 가능성이 높아졌다.

　'실록'이란 한 제왕의 재위 중에 발생한 사실을 월일과 연차에 따라 정확하게 기술하는 사체를 말한다. 실록을 정리하는 방법에는 두 가지가 있다. 하나는 전 왕조가 멸망한 뒤 다음 왕조에서 전 왕조의 역사적 사실을 정리하는 방법으로 『삼국사기』와 『고려사』가 이에 속한다. 다른 하나는 전왕이 죽었을 때 후계한 왕이 전 왕대의 사실을 정리하고 간행하는 방법으로 『조선왕조실록』이 이에 속한다. 이 경우 실록을 언제 편찬할 것인가는 사실을 정확하게 기록한다는 점에서 아주 중요하다. 『태조실록』은 조선 최초의 실록 편찬 작업이었기 때문에 이후 선례가 된다는 점에서 더욱 중요하였다.

『태조실록』은 태종 8년(1408) 태조가 승하한 이듬해 8월부터 편찬 논의가 있었다. 태종이 하륜 등에게 태조의 실록을 편찬하라고 지시한 것이었다. 이때 사관들은 태조 대의 신하들이 살아 있어 올바르게 적을 수 없으므로 3대 후에 편찬하는 것이 옳다고 건의하였다. 그러나 하륜은 사관의 기록이 당시의 사실을 모두 기록할 수 없으므로, 원로대신들이 살아 있을 때 편찬해야 정확하게 기록할 수 있다고 주장하였다. 태종은 하륜의 주장을 따라 실록을 편찬토록 했는데 이것이 선례가 되어 이후 실록은 모두 왕의 사후 곧바로 편찬되는 원칙이 계승되었다.

『태조실록』은 1410년 정월부터 하륜 · 유관 · 정이오 · 변계량 등을 중심으로 편찬 작업이 시작되어 1413년 3월에 15권 3책으로 완성되었다. 그러나 조정 대신들이 제1~2차 왕자의 난 기록에 중복된 부분이 많다며 수정 · 보완해야 한다고 주장했기 때문에 완성된 후에도 곧바로 출간하지는 못했다. 하지만 편찬 책임을 맡았던 춘추관 관료들이 이들의 주장을 받아들이지 않아 『태조실록』은 1442년 세종의 명령에 의해 비로소 개수되었다.

이후 『태조실록』을 비롯한 『조선왕조실록』은 춘추관, 충주사고, 전주사고, 성주사고에 각기 1부씩 보관되었으나 임진왜란 때 모두 소실되고 전주사고본만이 남아 있다. 현재 서울대 규장각에 보관되어 있는 정족산본은 원래 전주사고에 봉안되었던 것이라고 한다. 『조선왕조실록』은 『태조실록』을 필두로 철종 대까지 25대 472년 동안 각 왕의 실록이 편찬되어 총 1,893권 888책이 있다. 세계적으로 보존해야 할 문화유산으로 유네스코 지정 세계 문화유산으로 등재되었으며 방대한 양과 문화적 가치를 자랑하고 있다.

1920년 1월 2일

서재필, 한국의 독립 후원 요청

1920년 1월 2일 서재필은 노리스 의원을 통해 워런 하딩 미국 대통령을 만나 한국의 독립 후원을 요청하였다. 서재필은 갑신정변에 실패한 후 미국으로 망명하여 한인 최초의 의학 박사가 되어 미국에 정착하였다. 그는 재미 교포들을 결속하여 독립운동 후원회를 만들었고, 상하이 임시정부와 긴밀한 연락을 취하며 외교위원장 자격으로 활약하였다. 그는 1920년 3월 워싱턴에서 토머스 상원의원을 방문하여 우리나라의 독립 문제를 미국 여론에 호소해줄 것을 부탁하였다. 또한 1922년 11월 워싱턴에서 9개국 군축회의가 열렸을 때에는 휴스 국무장관을 만나 일본이 독립운동가들을 학대·학살한다는 진상을 폭로하였다.

1946년 1월 2일

조선 공산당, 신탁통치 지지

북한의 조선 공산당 중앙위원회와 당수 박헌영은 1946년 1월 2일 '3국의 원조와 협력 신탁은 통일 민주국가를 수립하는 가장 정당한 길'이라고 주장하고 신탁통치안을 적극 지지하였다.

이에 앞서 1945년 12월 16일에 모스크바에서는 미국 · 소련 · 영국 등의 3개국 외상이 회동하였다. 한국의 임시정부 수립을 돕기 위해 공동 위원회를 구성하고 미 · 영 · 중 · 소 4개국을 중심으로 최고 5년을 기한 으로 하는 신탁통치 협정안을 작성한다는 것이었다.

모스크바 삼상회의의 내용이 전해지자 국내에서는 전국적으로 반탁 운동이 전개되었다. 남한 내의 많은 우익 단체들과 민중들은 반탁은 민 족 독립의 길이고 찬탁은 매국이라고 주장하였다. 결국 민족의 장래 문 제로 엄청난 사회 혼란이 일어나자 이승만을 중심으로 하는 우익 진영 에서는 위기감을 느끼고 남한만의 단독 정부 수립을 추진하게 되었다.

그 후 남한 내에서는 반탁 통일 전선을 형성한 우익 진영과 찬탁을 지 지하는 북한 공산당 세력 간의 사상 대립이 극에 달하면서 매일같이 무 력 충돌이 일어나 수많은 인명 피해가 발생하였다.

1월의
모든 역사

1월 3일

■
·
·
■

1562년 1월 3일

의적 임꺽정, 생포되다

백성을 도적으로 만드는 자는 과연 누구인가. 도적이 성행하는 것은 수령의 가렴주구 탓이며, 수령의 가렴주구는 재상이 청렴하지 못한 탓이다. 오늘날 재상들의 탐욕스러움이 한이 없기 때문에 수령들은 백성의 고혈을 짜내는 등 못하는 짓이 없다. 그런데도 곤궁한 백성들은 하소연할 곳이 없으니, 도적이 되지 않으면 살아갈 길이 없는 형편이다.

진실로 조정이 맑고 밝아서 재물을 좋아하는 마음이 없고 수령들을 모두 청렴한 사람들로 가려 임명한다면 칼을 잡은 도적이 송아지를 사서 돌아갈 것이니 어찌 이토록 기탄없이 살생을 하겠는가.

『명종실록』 권 25

　조선 시대 3대 도적으로 불리는 임꺽정. 과연 임꺽정은 소설 속의 주인공처럼 의적이었을까, 아니면 그냥 도둑에 불과했을까? 조선의 3대 재사로 불리던 벽초 홍명희는 장편 소설 『임꺽정』에서 그를 부패한 지배층에 결연히 맞선 혁명아로 그리고 있다. 또한 조선 후기 실학자 이익은 『성호사설』에서 임꺽정을 홍길동 · 장길산과 더불어 조선의 3대 도적으로 칭했다.

　임꺽정은 양주 땅의 백정 출신으로 노비는 아니었으나 노비보다 더 심한 사회적 차별을 받았다. 힘이 세고 성질이 급해 부모가 늘 걱정했는데 그래서 훗날 임꺽정이라 부르게 되었다고 한다. 임꺽정이 출몰하던 시대는 외척 윤원형의 세도 정치로 부정부패가 만연했으며 수령들의 수탈도 심각하였다. 또한 여러 해 동안 흉년이 계속되어 수많은 백성들은 고향을 떠나 이곳저곳을 떠돌아다녔다.

　임꺽정도 양주에서 백정 노릇을 하다 자신의 처지와 세상에 대한 불만을 품고 고향을 떠났다. 그는 유랑민과 도적들을 모아 구월산 등지에 산적패 소굴을 만들고, 경기도와 황해도 일대의 관청과 부자를 털어 백성들에게 나누어 주는 등 의적 행세를 하고 다녔다. 당시 관리들의 횡포에 견디다 못한 많은 백성들이 임꺽정 무리들을 도와주고 숨겨 주었기 때문에 수령들은 임꺽정을 무서워하여 감히 잡을 생각도 하지 못하였다.

　1559년 명종은 도포관 이익근을 파견하여 개성 근방의 임꺽정 소굴을 습격하게 했으나 오히려 관군 20여 명이 죽임을 당했다. 이 사건 후 임꺽정의 무리들은 더욱 대담해져 드디어 서울 조정 대감들의 집까지 잠입하여 재물을 털어 갔다. 다급해진 명종은 남치근을 황해도 토포사로 임명하고 임꺽정과 그 무리들을 토벌하라고 명하였다. 각 지방의 수령들까지 죄인 잡기에 혈안이 되어 남대문과 동대문 등지에서는 무고한 백성들의 울음소리가 그치지 않았다. 또한 토포사가 오랫동안 지방에 머물게 되면서 그들의 뒷바라지에 곤궁해진 백성들의 원성은 차마 들을 수 없을 정도였다. 사태가 이에 이르자 임금은 일단 토포사를 중앙으로 불러들였다.

1562년 1월 임금의 명을 받고 한양으로 돌아가던 남치근은 임꺽정의 책사 서림으로부터 임꺽정이 구월산에 있다는 정보를 듣고 황해도 재령 땅에 진을 쳤다. 이를 안 임꺽정은 구월산 깊숙이 들어가 숨고, 장정들로 하여금 중요한 길목을 지키게 하였다. 그러나 관군이 산에 올라와 싸움이 시작되자 임꺽정의 무리들은 대부분 죽고 도망쳤으며 임꺽정 또한 부상을 입은 채 달아났다. 임꺽정은 혈혈단신으로 구월산을 탈출하여 재령으로 달아났다. 남치근은 황주에서 해주까지 사람으로 성을 만들고 문화에서 재령까지 한 집도 거르지 않고 샅샅이 뒤졌다.

임꺽정은 한 집으로 들어가 노파를 위협했다. 노파는 임꺽정이 시킨 대로 문밖으로 뛰어나와 엉뚱한 방향을 가리키며 소리쳤다.

"도적이야, 도적이야! 이쪽으로 달아났소!"

그 틈에 임꺽정은 재빨리 변복을 하고 토벌군 대열에 섰다. 잠시 후 배가 아픈 것을 핑계로 뒤로 처져 달아나려는 순간, 서림이 그를 알아보고 외쳤다.

"저기 배가 아프다며 뒤로 처지는 놈이 바로 임꺽정이다."

비 오듯 쏟아지는 화살을 칼로 막아 내던 임꺽정은 결국 부상당한 채 잡히고 말았다. 임꺽정을 잡기 위해 대대적인 수색을 벌인 지 3년 만의 일이었다. 임꺽정은 15일 후 처형당했으며 임꺽정을 잡는 데 결정적 공을 세운 서림은 관리에 등용되는 등 후한 대접을 받았다.

당 시대의 기록인 『명종실록』을 보면 사관은 이렇게 쓰고 있다.

"도적이 생기는 것은 도적질하기를 좋아해서가 아니라 배고픔과 추위가 절박해서 부득이 도적이 되어 하루라도 연명하려는 자가 많기 때문이다. 그렇다면 백성을 도적으로 만드는 자는 과연 누구인가?"

결국 임꺽정을 만들어낸 장본인은 바로 당시의 부패한 집권층이었음을 말한 것이었다. 벼슬아치들에게 심하게 수탈을 당하여 생활이 파탄에 이른 백성들은 관리들을 골려 주고 그들의 재물을 약탈하였던 임꺽정에게 대리 만족을 느꼈다. 임꺽정은 단순한 도적이었지만 백성들은 그의 행적을 미화하여 의적으로 만들었던 것이다.

──

1254년 1월 3일

몽골 5차 침입군, 고려에서 철군

──

고려에 왔던 몽골 사신 제구유가 돌아가는 길에 국경 근처에서 피살되자 몽골은 이를 빌미로 국교를 단절하고 압록강을 건너 침략하였다. 이것이 바로 1231년부터 28년 동안 일곱 차례에 걸쳐 있었던 몽골의 고려 침략의 서막이었다.

이때 고려는 최씨 무신 정권기로써 최이가 정권을 잡고 있었다. 1차 침입한 몽골군이 물러가자 적군이 수전에 약하다는 사실에 착안한 최이는 도읍을 강화도로 옮기고 주민을 산성과 섬으로 이주시켰다. 그러나 국왕이 친히 몽골 조정에 입조할 것과 개경으로의 환도를 요구하던 몽골은 무신집정 최항의 반대로 뜻을 이루지 못하자 1253년에 구를 주장으로 삼아 다시 한 번 고려를 침입하였다(제5차 침입).

　고려의 치열한 항쟁에도 불구하고 몽골군은 전국 각지에서 약탈을 자행하여 고려의 피해는 날로 늘어만 갔다. 결국 고종은 몽골의 요구를 받아들여 강화도로 나와 승천부에서 에구의 사신을 맞이하였고 왕자인 안경공 창을 몽골로 보냈다. 이로써 화의가 이루어져 1254년 1월 3일 몽골군은 물러가게 되었다.

　이후에도 몽골군은 두 차례 더 침입하여 고려 영토를 유린하였으나 1259년 왕태자가 40여 명의 대신과 함께 몽골에 입조하면서 화의가 성립되어 전쟁은 종결되었다.

——

1923년 1월 3일

임시정부, 국민대표 회의 개최

——

　1923년 1월 3일 상하이에서 국민대표 회의가 개최되었다. 이는 대한민국 임시정부가 내부 갈등으로 혼란에 빠지자 독립운동의 방향성을 모색하기 위한 것이었다.

　국민대표 회의는 당시 분열과 혼미를 거듭하고 있는 임시정부의 대안으로 제시되었으며 개회일에 참석한 대표는 모두 62명이었다. 그러나 국민대표 회의는 민족 운동의 새로운 돌파구를 모색하려는 근본 목표보다는 사회주의자와 민족주의자 사이에 혹은 사회주의 내부 분파 사이의 주도권 장악에 몰두함으로써 모처럼의 민족 협동 전선을 성립시키는 데 실패하였다.

—

2003년 1월 3일

독도에 우편번호 부여

—

우리나라 국토의 동쪽 끝 지킴이인 독도에도 우편번호가 생겼다. 2003년 1월 3일 정보통신부 우정사업본부는 독도에 799-805의 우편번호를 부여하고 전국우편번호부에 등재했다고 밝혔다. 독도의 우편번호 부여는 독도유인화운동본부가 독도 경비대에 위문품을 보내려다 독도에 우편번호가 없다는 사실을 확인하고 경북 체신청에 청원한 뒤 꼭 1년 만에 이루어진 것이었다.

그동안 독도의 주소는 '울릉군 남면 도동리 산 42~76번지'로 불렸으나 지난 2000년 3월 20일 경북 울릉군의회가 '독도리 신설과 관련된 조례안'을 의결하고 같은 해 4월 7일 공포함에 따라 '울릉군 울릉읍 독도리 산 1~37번지'로 변경되었다. 이에 따라 산 27~37번지인 동도가 1반으로 산 1~26번지인 서도가 2반으로 나눠졌다.

일본 정부가 아직 독도에 우편번호를 부여하지 않고 있는 상황에서 한국 정부가 먼저 우편번호를 부여함에 따라 국제법상 독도가 대한민국의 영토임을 내세울 수 있는 중요한 준거가 될 수 있다는 평가를 받고 있다.

671년 1월 3일

의상대사 귀국

당나라로 건너가 공부하던 의상(625~702)이 671년 1월 3일 귀국하였다. 의상은 문무왕 11년(671) 당나라 고종이 신라를 침략하려고 하자 이 사실을 알리기 위해 신라로 귀국하였다. 의상은 19세에 황복사에서 승려가 되었고 얼마 뒤 큰 뜻을 품고 진덕왕 4년(650) 원효대사와 함께 당나라로 가기 위해 요동에 도착하였다. 그러나 고구려의 순라군에게 잡혀 정탐자로 오인되어 수십 일 동안 잡혀 있다가 돌아왔다. 결국 10년 뒤인 문무왕 1년(661)에 뜻을 이루어 당나라 사신의 배편을 빌려 타고 중국으로 건너갔다.

그는 종남산 지상사에 가서 지엄(智儼, 중국 화엄종의 시조)의 문하에서 화엄학을 공부하였다. 이곳에서 의상은 화엄 사상의 넓고 깊은 뜻을 터득하였는데 이는 그가 남긴 『화엄일승법계도』를 통해서 충분히 입증되고 있다. 의상은 신라로 돌아온 후 676년 왕의 뜻을 받아 태백산에 부석사를 창건하고 화엄학을 강의하여 신라 화엄종의 시조가 되었다.

1930년 1월 3일

이육사, 조선일보에 「말」 발표

1930년 1월 3일 이육사(1904~1944)는 조선일보에 「말」을 발표하였다. 이육사는 경북 안동 출신으로 본명은 원록이다. 아호 육사陸史는 대구 형무소 수감 번호 '264二六四'에서 따온 것으로 평생 필명으로 사용하였다.

이육사는 항일 운동가로서의 활약이 가장 두드러진다. 그는 1925년 대구에서 형, 아우와 함께 의열단에 가입하였다. 1927년에는 장진홍의 조선은행 대구 지점 폭파 사건 등에 연루되어 대구 형무소에 투옥되었다. 이 밖에도 1929년 광주 학생 항일 운동 등 많은 사건에 연루되어 무려 17차례나 옥고를 치렀다.

이육사는 중국을 자주 왕래하며 독립운동을 하였는데 1943년 가을, 잠시 서울에 왔다가 일본 관헌에게 붙잡혀 중국 베이징으로 송치되어 1944년 1월 16일 베이징 감옥에서 옥사하였다.

그는 조선일보 대구 지사에 근무할 당시 조선일보에「말」등을 발표하면서 문단 활동을 시작하였다. 많은 신문과 잡지에 30여 편의 시와 소설 · 수필 · 문학 평론을 발표하였으며 대표작으로는「황혼」「청포도」「광야」등이 있다. 생존 당시에는 작품집을 발간하지 못했으나 사후에 유고집으로『이육사 전집』등이 발간되었다.

—

2007년 1월 3일

프로 야구 도핑 테스트 도입

—

2007년 1월 3일 한국야구위원회는 선수들을 대상으로 금지 약물을 복용했는지 여부를 검사하겠다고 밝혔다. 국내 프로 스포츠로는 프로 야구가 처음으로 도핑 테스트를 도입하였다. 이 조치는 미국 · 일본 프로 야구와 월드베이스볼클래식 같은 국제 대회에서 금지 약물 복용에 대한 제재가 점차 엄격해지는 추세에 따른 것이었다.

메이저리그는 홈런왕 배리 본즈의 스테로이드 복용 파문을 겪으며 2003년 도핑 테스트를 도입했다. 일본 프로 야구 역시 계도 기간을 거쳐 2007년부터는 금지 약물 복용 선수를 제재하기로 했다. 한국야구위원회는 전반기와 후반기로 나누어 1년에 2회, 팀당 3명씩 무작위로 추출해 테스트를 실시하는데 한 시즌에 총 48명의 선수가 도핑 테스트를 받는 셈이다. 금지 약물을 복용한 선수는 최악의 경우 영구 제명시키는 등 강력하게 제재할 방침을 세웠다.

—

1922년 1월 3일

소설가 선우휘 출생

—

소설가 선우휘는 1922년 1월 3일 평안북도 정주에서 태어났다. 그는 『문학예술』 신인 특집에 당선된 「불꽃」으로 동인문학상을 받았다.

그는 1950년대 전후 문단에서 발랄하고 선 굵은 작가로 인정받았으며 역사에 대한 체념과 순응주의를 비판하고 인간의 의지와 행동을 강조했다. 주요 작품으로는 『테러리스트』 『한국인』 『반역』 『나도밤나무』 『목숨』 『깃발 없는 기수』 『추적의 피날레』 『산다는 것』 『사도행전』 등이 있다.

1월의
모든 역사

1월 4일

■
■
■

—

1135년 1월 4일

묘청, 서경에서 난을 일으키다

—

묘청의 서경 천도 운동은 불교 대 유교의 싸움이며, 국풍파 대 한학파의 싸움이며, 독립당 대 사대당의 싸움이며, 진취 사상 대 보수 사상의 싸움이니, 묘청은 전자의 대표요 김부식은 후자의 대표였다.

이 싸움에서 김부식이 승리하였기에 이후 조선 역사는 사대적 · 보수적 · 속박적인 사상인 유교 사상에 정복되고 말았다. 만약 김부식이 패하고 묘청이 이겼더라면 조선사가 독립적이고 진취적으로 진전되었을 것이니 이것을 어찌 '한국 역사상 1천 년 내 최대의 사건'이라 하지 않으랴.

신채호, 『조선사연구초』

"수도 개경은 이미 지덕이 쇠약해졌고 궁궐도 다 불타 버렸습니다. 서경에 왕기가 왕성하니 서경으로 천도하십시오. 그러면 금나라를 비롯한 36개 나라가 모두 머리 숙여 조공할 것입니다."

서경 출신 승려 묘청(?~1135)은 풍수지리설을 이용하여 인종에게 서경 천도를 적극 권유하였다. 당시 고려는 나라 안팎으로 많은 어려움에 직면해 있었다. 나라 밖으로는 거란을 멸망시키고 금나라를 세운 여진족이 고려에게 신하의 예를 강요해 왔다. 안으로는 인종의 외조부이자 장인인 이자겸이 난을 일으켜 궁궐은 불타 버리고 피비린내 나는 살육이 자행되었다. 개경의 민심은 험할 대로 험해졌고 조정의 정치 기강도 무너져 내려 고려 정국은 극히 혼미한 상태였다. 이 틈을 타 김부식을 대표로 하는 개경 출신들이 중앙 조정의 핵심 세력으로 등장하였다. 개경파 문벌 귀족들의 득세로 왕권은 극도로 미약해졌고 이에 서경파들은 서경으로의 천도를 적극 주장한 것이었다.

풍수지리설은 산과 물, 땅의 생김새를 살펴 도읍지 · 집자리 · 무덤 등을 정하는 지리학을 말한다. 풍수지리설은 도선국사가 태조 왕건이 왕이 될 것이라 예언한 사실이 알려지면서부터 고려에 크게 유행하였다. 개성은 도선국사가 천년 도읍으로 정해준 명당이었다. 그러나 나라를 세운 지 얼마 안 되서부터 외침과 내란이 자주 일어나자 개경 땅의 기운이 쇠약해진 탓이라는 소문이 무성하였다. 개경보다 땅 힘이 왕성한 곳으로 도읍을 옮겨야 한다는 천도론도 고개를 들기 시작하였다. 이러한 사회적 분위기에 편승한 사람이 바로 도선국사의 법맥을 이어받았다고 주장하는 묘청이었다.

묘청은 백수한 · 정지상 등 서경 출신들에게 서경으로 천도하면 부귀공명도 얻고 대대손손 복을 누리게 된다고 설득하였다. 솔깃해진 정지상은 왕에게 묘청을 고문으로 천거하였다. 얼마나 언변과 술수가 좋았던지 묘청은 인종의 두터운 신임을 얻었다. 자신의 말이 잘 먹혀 들어가자 묘청은 인종에게 서경으로 천도할 것을 권유하였다.

"서경 임원역林原驛이 대명당이오니 이곳으로 천도하십시오. 그러면 귀족들의 힘도 누를 수 있고 금나라도 항복할 것이옵니다."

개경 귀족들의 등쌀에 지쳐 있던 인종은 묘청의 말에 귀가 솔깃하였다. 궁궐까지 불타 버렸으니 개경에는 더 이상 줄 정도 없던 것이었다. 인종은 서경 임원역에 신궁을 건설하도록 명하여 1129년 착공한 지 3개월 만에 대화궁이 완성되었다. 그러자 묘청은 인종을 자주 대화궁으로 행차하도록 권유하면서 틈만 나면 서경으로 천도할 것을 설득하였다. 그러나 개경 귀족들의 반대가 심했기 때문에 인종은 쉽사리 결정을 내리지 못하고 있었다.

그러던 어느 날이었다. 인종이 서경에 머물고 있을 때 서경의 중흥사 탑에 벼락이 치는 불상사가 일어났다. 이를 두고 백성들 사이에 이상한 소문이 무성해졌고 궁지에 몰린 묘청은 이렇게 변명하였다.

"왕께서 개경에 계셨으면 더 큰 재앙이 있었을 것입니다. 그나마 서경에 와 계셔서 이 정도로 끝난 것이지요."

하지만 그 뒤로도 천재지변은 계속되었다. 곤란해진 묘청은 왕이 다시 서경으로 행차할 때를 기다려 위기에서 탈출할 계책을 꾸몄다. 묘청은 떡 속에 끓는 기름을 넣어 대동강 물속에 던지고는 기름이 물 위로 떠올라 오색영롱한 빛을 발하자 상소문을 올리게 하였다.

"대동강에 지금 상서로운 기운이 떠도는데 이것은 신룡이 토한 침입니다. 천재일우의 좋은 기회니 위로 천심에 응하고 밑으로 인심을 쫓아 금나라를 정벌하십시오."

　　이 사건은 얼마 안 있어 개경파들에 의해 묘청의 조작임이 밝혀졌고 인종은 서경으로의 천도를 중지했다.

　　서경 천도가 사실상 실패하자 묘청 등의 서경 세력들은 1135년 1월 4일 반란을 일으켰다. 나라 이름을 '대위', 연호를 '천개'라 하였으며 서북면 군대를 전부 서경으로 집결시킨 후 곧바로 개경으로 진격하겠다고 선포하였다. 인종은 김부식을 평서원수로 하는 진압군을 서경으로 출정시켰다. 김부식은 출정에 앞서 개경에 있는 묘청 일파인 정지상·백수한·김안 등을 참수하고 진압군을 지휘하여 서북면으로 진격하였다. 안주를 지나 서경에 도착한 김부식은 수차례 사람을 보내어 조광과 묘청 무리에게 항복을 권유하였다. 승산이 없음을 깨달은 조광 등은 1월 10일 묘청과 유참, 그리고 유호의 목을 베어 항복의 뜻을 표시하였다.

　　그러나 조정에서 세 사람의 머리를 저잣거리에 매달고 윤첨을 가두자 조광은 결사 항전을 다짐했다. 조광은 대동강을 따라 1,730칸의 성을 쌓은 후 조정의 회유 교섭을 거부하면서 1년여 동안 격렬하게 저항하였다. 그러나 조정 진압군이 계속 성을 포위하면서 압박하자 성안에서는 식량이 부족하여 굶주렸고 사기도 땅에 떨어졌다.

　　마침내 1136년 2월 관군 1만여 명이 총공격해 성을 함락시키자 조광 무리들이 스스로 자결함으로써 묘청의 난은 완전히 진압되었다. 묘청의 난 이후 서경 세력은 완전히 몰락했으며 김부식을 비롯한 개경파 문벌 귀족들이 조정에 득세하였다. 이들 개경파 문신들은 점차 왕을 홀대하고 무신을 경멸하였는데 이는 뒤에 무신의 난이 일어나는 또 하나의 원인이 되었다.

1951년 1월 4일

1 · 4후퇴

1951년 1월 4일 해질 무렵, 한파가 몰아치는 한강 하류 여울목에는 막 서울을 떠나려는 마지막 피난 열차가 기다리고 있었다. 6 · 25 전쟁 직후 끊어진 한강 철교를 복구하지 못해 이곳에 임시 목교를 만들고 철로를 깔아 피난민을 수송하고 있었다. 1월 4일 하루에만 벌써 3만 명 이상을 남으로 수송했다. 피난민들은 객차와 화차의 실내나 지붕 위를 가리지 않고 결사적으로 기어오르고 가족들의 손과 팔을 잡아 끌어 올렸다. 이 열차도 타지 못한 사람들은 짐을 이고 추위에 떨며 철길을 따라 남으로 떠났다.

1950년 6월 25일 북한의 침공으로 시작된 한국 전쟁은 전쟁 초기 남한이 낙동강 전선까지 밀리면서 국가의 존망까지 위태롭게 했다. 그러나 유엔 연합군의 참전과 미군의 인천상륙작전 개시로 전세가 반전되면서 북한군을 압록강까지 밀어붙였다. 북한군이 밀리자 10월 19일 중국 인민지원군이 압록강을 건너 한국전에 본격적으로 참전하기 시작했다. 중국 인민군의 인해전술로 연합군은 하는 수 없이 두만강, 압록강 전선을 내주었고 12월 5일에는 평양을 포기하고 남쪽으로 후퇴하기 시작하였다. 12월 12일에는 중국 인민 지원군이 38선을 돌파하고 남진했으며 중부 · 동부 전선까지 무너졌다. 결국 한국군과 미군은 12월 24일 흥남 철수를 단행할 수밖에 없었다.

6 · 25 직후 국민을 제때에 피난시키지 못한 실수를 교훈 삼아 이승만 대통령은 12월 24일 서울 시민에게 공식적으로 피난을 명령했다.

유엔군과 국방부는 정부를 다시 부산으로 이전하였다. 12월 30일까지 80여만 명의 서울 시민이 철수했으며 1월 3일에는 나머지 30여만 명도 피난을 갔다. 1월 4일 마지막 피난 열차가 서울을 출발하자 피난민 수송은 거의 막바지에 다다랐다. 그러나 동해안과 중부 산악 지대에서는 북에서 도보로 월남하던 많은 사람들이 아사하고 동사하는 등 참혹한 광경이 벌어졌다. 난리 통에 온 가족이 뿔뿔이 흩어지거나 죽어 피난길 주변의 산과 들에는 시체들이 참혹하게 널브러져 있었다.

정부는 서울에서 대전을 지나 광주와 목포로 가는 길, 부산으로 가는 양쪽 방향에 50여 개의 구호소를 설치하여 피난민을 수용하였다. 그러나 수십 곳에 산재한 전국의 피난민 수가 220여만 명에 달하자 이들을 수용하는 것이 큰 문제였다. 겨우 유엔과 여러 나라에서 보내온 구호품으로 피난민들의 대량 동사와 아사를 막을 수 있었다.

한편 전선에서는 한국군과 미국의 리지웨이 장군이 지휘하는 연합군이 오산 · 제천 · 영월 · 삼척 전선에서 중국군의 남하를 필사적으로 저지하였고, 곧바로 한국군과 연합군의 반격이 시작되었다. 3월 중순에는 서울을 다시 탈환하고 정부를 서울로 복귀시켰다. 이에 따라 서울과 전국 각지에서 모여든 수많은 피난민들은 부산 생활을 청산하고 고향으로 돌아갔다. 그러나 북한에서 내려온 많은 피난민들은 고향으로 돌아가지 못한 채 전국에 흩어져 살면서 남북 이산가족이라는 가슴 아픈 역사의 주인공이 되었다.

1896년 1월 4일

조선의 의병들,
명성황후 시해와 단발령에 저항해 봉기

고종 32년(1895) 명성황후가 일본 낭인들에게 살해되고 폐비 조칙이 발표되자 전국의 유생들이 폐위 반대와 친일 내각 타도를 목표로 들고 일어났다. 이들이 바로 한말 최초의 의병들로 '을미의병'이라고 불린다. 이 항쟁은 1896년 1월 4일에 시작되었으나 '을미의병'이라고 부르는 이유는 태양력이 아닌 구력으로 치면 을미년 11월에 시작한 것이기 때문이다.

충청북도 보은에서는 장터에 격문을 붙이고 회덕 관아를 공격하는 등 무장 활동까지 벌어졌고 이 무렵 단발령이 발표되자 의병 운동은 더욱 거세졌다. 이들은 단발령의 철폐를 요구하고 친일 내각을 퇴진시킨 뒤 일본군을 축출시키는 것을 당면 과제로 삼았다. 그러나 농번기에 접어들고 왕의 선유宣諭로 거의 해산되었다.

1991년 1월 4일

주한미군지위협정 1차 개정

1991년 1월 4일 주한미군지위협정SOFA의 개정에 대한 꾸준한 노력 끝에 한국 측의 주권과 평등권을 보강한 일부 내용의 1차 개정이 이루어졌다. 한미 양국은 상호 방위 조약 제4조에 근거한 주병권을 보다 구체적으로 규율하기 위해 1966년 7월 9일 주한미군지위협정을 체결하였다. 또한 '형사 관할권에 관한 교환 각서' 등 3개의 부속 문서와 함께 주한 미군의 법적 지위에 관한 합의를 문서화했다.

1967년 주한미군지위협정이 발효된 뒤 한미 양국은 1991년 처음으로 개정에 합의하였다. 그러나 형사 관할권 문제에 국한되었기 때문에 민사 청구권에 관한 문제는 처음과 크게 달라진 게 없었다. 그 후에도 민형사상의 많은 문제들을 공동 과제로 계속 상정하고 있으나 아직도 많은 부분이 해결되지 않은 상태다.

—

2007년 1월 4일

한국 최고最古 금속활자 발견

—

국내에서 가장 오래된 것으로 추정되는 한글 금속활자가 국립중앙박물관 수장고에서 발견되었다. 국립중앙박물관은 2007년 1월 4일 박물관이 소장한 수십만 점의 금속활자 중 오래된 것으로 보이는 한글 금속활자 752자를 발견하여 공개하였다.

이 가운데 30자는 세조 7년(1461)에 간행된 『능엄경언해』와 1481년에 간행된 우리나라 최초의 번역 시집인 『두시언해』를 찍을 때 사용했던 한글 금속활자로 추정되었다. 이것은 그동안 기록으로만 존재하던 조선 전기 활자의 형태와 주조, 조판 방법을 파악하는 중요한 단서이다.

—

1982년 1월 4일

중고생 교복과 두발 자율화 발표

—

1982년 1월 4일 문교부는 중·고등학교 학생들의 교복과 두발 자율화를 발표했다. 학생이 자유로운 복장을 입을 수 있으며 머리도 스스로 선택할 수 있도록 한 것이다.

1886년 이화 학당의 여학생들이 다홍색 무명 치마저고리를 입은 것이 우리나라 교복의 시작이었고, 이후 1898년 배재 학당 학생들이 본격적으로 교복을 입었다. 그 후 일제 강점기에 남학생은 검정색 양복에 학교 배지, 학년 표시와 이름표를 달고 검정 모자를 썼고 여학생은 양장에 세일러복을 주로 입었다.

광복 후에도 교복은 크게 변하지 않았으나 1960~1970년대를 지나고 민주화 운동이 전개되면서 학생들의 두발과 교복 자율화를 전면 실시하게 되었다.

—

2010년 1월 4일

서울, 사상 최대 폭설

—

경인년庚寅年 새해 첫 출근일인 2010년 1월 4일, 서울과 중부 지방에 기상 관측 사상 최대의 '눈 폭탄'이 쏟아졌다. 이날 폭설로 서울에서는 한남대교를 비롯한 주요 도로에서 빙판길 사고가 잇따랐다. 수도권에서는 45개 열차가 지연되었고 7개 열차는 운행이 취소되었다. 김포공항은 오후 3시까지 항공기 운항을 전면 중단해 공항 이용객들이 불편을 겪었으며 인천공항은 결항 22편, 지연 104편, 3편은 회항하는 사태가 빚어졌다. 서울시와 각 시 · 군은 아침 일찍부터 제설 작업에 나섰지만 끊임없이 내리는 눈을 처리하지 못해 도로는 통제 불능 상태가 됐다.

기상청에 따르면 이날 오후 1시 30분까지 서울에 내린 눈은 25.7cm로 지난 1969년 1월 28일에 내린 25.6cm를 경신하며 1937년 적설 관측 이래 사상 최대 기록이었다. 기상청은 폭설의 원인을 대륙의 찬 공기가 저기압 후면으로 강하게 유입되면서 저기압 중심의 북쪽에서 눈구름을 크게 발달시킨 것으로 발표하였다.

1월의
모든 역사

1월 5일

■
■
■

1949년 1월 5일

반민특위가 활동을 개시하다

나의 친일은 부득이 민족을 위한 일이었다. 대동아 전쟁이 일어나자 나는 조선 민족이 큰 위기에 있음을 느끼고 일부 인사라도 일본에 협력하는 태도를 보여 줌이 민족의 목전에 임박한 위기를 모면하는 길이라 생각하고 기왕 버린 몸이니 스스로 희생되기를 결심했다.

도쿄까지 가서 학병을 강요케 된 건 학병을 나가지 않으면 학병을 가서 받는 것 이상의 고생을 할 것 같기에 나가라고 권했다. 당시 고이소 구니아끼 총독의 태도로 보나 정세로 보아서 학병을 나가는 것이 유리할 것 같았고, 황민화의 길만이 살아남는 길이라고 생각했다.

이광수, 『나의 고백』

  1949년 1월 5일 반민족 행위 처벌법에 의거하여 친일파 검거 제1호
가 된 박흥식은 서대문 형무소에서 다음과 같이 말했다.

  "나는 반민법 자체에 이의가 없소. 다만 공정한 처단만 바랄 뿐이오.
내가 제일 먼저 검거된 것은 백화점 · 연쇄점 등으로 너무 유명한 탓이
니 누구를 나무라겠소. 게다가 조선 비행기 회사를 운영했으니 반민법
제4조에 걸린다는 것은 잘 알고 있소이다."

  당시 화신산업 사장 박흥식은 1948년 1월 반민법이 공포되자 외무부
에서 여권을 발급받아 미국으로 도피하려고 준비 중이었다. 이 때문에
반민특위는 조사 기관 조직이 끝나자마자 곧바로 그의 사무실을 급습
하여 친일파 제1호로 검거한 것이었다.

  광복 이후 우리 민족의 최우선 과제는 식민 통치 기간 중 일제에 협
력한 친일 행위자를 응징하는 문제였다. 과거 친일 행위를 했던 자를
처벌하여 민족의 정기를 바로 세우고 사회 기강을 바로잡는 일은 너무
나 당연한 일이었다. 그리하여 국회는 1948년 9월 7일 '반민족 행위 처
벌법(이하 반민법)'을 통과시켰다.

  반민법이 공포되자 10월 국회는 곧바로 '반민족 행위 특별 조사위원
회(이하 반민특위)'를 구성하였다. 반민특위 위원장에는 김상덕, 부위원
장에는 김상돈을 선임하고 위원에는 조중현을 비롯한 8인이 선임되었
다. 특위 위원들은 모두 3 · 1 독립운동이나 신간회, 임시정부에 참여하
면서 오랫동안 독립운동을 했던 애국지사들이었다. 국회는 반민특위가
효율적으로 조사 업무를 할 수 있도록 11월 24일 '반민족 행위 특별 조
사 기관 설치법'을 제정하여 중앙과 지방에 사무국을 설치하도록 하였
다. 또한 반민족 행위자를 기소하고 재판 업무를 담당할 특별 재판부와
특별 검찰부도 구성하였다.

1949년 1월 5일 중앙청 205호에 사무실을 개설한 반민특위는 1월 8
일 박흥식을 구속하고 이어 만주에서 일본군 첩자로 활동한 대한일보
사장 이종형을 체포하였다. 이후 반민특위의 활동은 순풍의 항해를 이
어갔다. 33인의 한 사람이었다가 절개를 굽힌 최린을 비롯하여 강우규
열사를 체포한 김태석, 중추원 부의장 출신의 박중양, 수도청 고문치사
사건으로 수배 중이던 전 수사과장 노덕술, 학병 지원을 강요한 최남선
과 이광수 등이 속속 체포되었다.

　체포된 사람들 중 양심 있는 사람들은 참회의 빛이 역력하였다. 그러
나 그들은 모두 자기의 친일 행위를 변명하기에 급급하였다. 대표적인
사람이 소설가 이광수와 독립 선언문을 기초한 최남선이었다. 이광수
는 체포된 후 마포 형무소 감방에서 일주일 넘게 꼬박 밤을 새우며『나
의 고백』을 썼다. 그는 이 글에서 줄곧 자신의 친일 행위를 민족의 위기
를 모면하기 위한 자기희생으로 미화하였다. 최남선도 마포 형무소에
서 밤을 새우며 자신이 친일 행위를 한 것은 모두 민족정신의 검토, 조
선 역사의 건설을 위한 행동이었음을 주장하였다.

　반민특위의 활동은 대다수의 국민들로부터 열렬한 호응을 받았다.
그러나 친일 세력을 지지기반으로 했던 이승만 대통령은 반민특위에
압력을 가하였다. 친일파 숙청은 이승만 정권에게는 골간을 도려내는
것이나 마찬가지였기 때문이다. 대통령의 압력으로도 특위 활동을 중
단시킬 수 없게 되자 친일파 세력들은 특위 위원들에 대한 협박과 중상
모략 등의 야만적 방법까지 동원하였다. 반민특위에 대한 공세는 집요
하여 마침내 6월 6일에는 현직 고위 경찰 간부들이 특위 사무실을 습
격하기에 이르렀다. 장경근 내무 차관의 허락을 받은 윤기병 중부 경찰
서장이 경찰 40명을 이끌고 특위 사무실을 습격하여 출근하던 특위 위

반민특위의 활동상황

> • **총 취급 건수 : 682건**
>
> 1) 영장 발부 : 408건
> 2) 체포 : 305건, 미체포 : 173건, 자수 : 61건
> 3) 검찰 송치 : 559건, 석방 : 84건
> 4) 영장 취소 : 30건
> 5) 기소 : 221건
> 6) 재판 종결 건수 : 38건
> 7) 체형 : 12건
> 　① 징역 1년 집행유예 : 4건 ② 징역2년 집행유예 : 1건 ③ 징역 1년 : 3건
> 　④ 징역 1년 6개월 : 1건 ⑤ 징역 2년 6개월 : 1건 ⑥ 무기징역 : 1건 ⑦ 사형 : 1건
> 8) 공민권 정지 : 18건
> 　① 3년 : 8건 ② 4년 : 1건 ③ 5년 : 4건 ④ 7년 : 2건 ⑤ 10년 : 3건
> 9) 무죄 : 6건, 형 면제 : 2건
>
> • **도별 송치 건수 : 559건**
>
> 서울 : 282건, 경기 : 32건, 황해 : 26건, 충남 : 25건, 충북 : 26건, 전남 : 27건,
> 전북 : 35건, 경남 : 50건, 경북 : 34건, 강원 : 19건

원 35명을 불법으로 체포한 것이었다. 6 · 6 습격 사건이 일어나자 국회 본회의에서는 대통령의 출석을 요구했다. 그러나 이승만은 이를 거절하고 자신이 특경대 무장 해제를 명령했다고 답하여 국회를 격분시켰다. 사건이 정치 문제화되자 검찰총장의 주선으로 특위 위원들은 모두 석방되었지만 반민특위는 더 이상 업무를 계속할 수 없었다. 특위 위원들은 감시 · 감금되었고 결국 8월 22일 한민당이 제안한 '반민족 행위 처벌법 등 폐지에 관한 법률'이 국회를 통과함으로써 공소 시효도 1949년 8월 31일로 한정되어 반민특위의 활동은 끝이 났다.

　반민특위의 해체로 민족 지도자들을 학살하고 민족 분열을 부추겼던

수많은 친일 세력들을 처벌하지 못하여 한국의 역사는 많이 왜곡되었다. 정치·경제·사회·문화 등 모든 부문에서 친일 협력자들이 주요 자리를 차지함으로써 사회 도덕성의 기준이 상실되었고 국민들에게는 역사 허무주의를 심어 주기도 하였다.

—

1924년 1월 5일

김지섭, 일본 왕궁 앞에 폭탄 투척

—

1924년 1월 5일 의열단원 김지섭이 일본 왕궁 정문 앞 이중교에 폭탄을 던졌다. 당시 일본은 관동 대지진을 빌미 삼아 일본 내의 수많은 조선 동포들을 무참히 불태워 죽이는 등 만행을 저질렀다. 이에 상하이에서 독립운동을 하던 의열단 간부들은 일제 요인들을 살해하기로 뜻을 모으고 김지섭을 일본으로 파견하였다.

김지섭은 폭탄 3개를 준비하고 상하이에서 석탄 운반선 배 밑창에 승선하여 10여 일 만에 일본으로 밀입국하였다. 김지섭은 일본 의회가 휴회 중이자 일왕을 살해하기로 목표를 변경하고 왕궁의 동정을 살피던 중 발각되었다. 다급해진 김지섭은 먼저 이중교에 폭탄 1개를 던지고 왕궁 진입을 시도하였으나 폭탄 3개가 모두 불발되어 현장에서 체포되고 말았다. 결국 1925년 도쿄 공소원 재판에서 무기징역을 선고받고 복역하다가 28세의 젊은 나이에 단식으로 사망하였다.

—

1951년 1월 5일

독립운동가 서재필 사망

—

서재필(1864~1951)은 1864년 전라남도 보성군에서 태어났다. 일곱 살에 한학을 수학하고 고종 19년(1882) 3월에 실시된 별시문과 병과에 세 번째로 합격하여 교서관의 부정자에 임명되었다. 임오군란 이후 김옥균의 권고를 받아들여 1883년 일본의 도야마 육군 학교에 유학하였으며 1884년 7월 귀국하여 조련국操鍊局의 사관장이 되었다.

1884년 12월에는 김옥균 등과 함께 갑신정변에 적극적으로 참가하여 왕을 호위하고 수구파를 처단하는 일을 맡았다. 갑신정변이 실패하자 일본으로 망명하였다가 다시 1885년 4월 박영효 · 서광범과 함께 미국으로 망명하였다. 미국 펜실베이니아에서 의료 사업에 종사하다가 본국에서 3 · 1 운동이 일어나자 전 재산을 정리하고 독립운동에 힘을 기울였다. 그는 영자 독립신문『The Independent』를 간행하면서 우리나라 독립을 위한 언론 활동과 외교 활동에 힘을 쏟았다. 광복 이후 미군정이 실시되자 미군정 하지의 요청을 받아 미군정청 최고정무관으로 활동하다가 이승만과의 불화와 혼란한 시국 때문에 다시 미국으로 돌아갔고 1951년 1월 5일 여생을 마쳤다.

1977년 건국훈장 대한민국장이 추서되었고 미국에 있던 그의 유해는 전명운 의사의 유해와 함께 1994년 4월 8일 서울 동작동 국립묘지에 안장되었다. 그는 신문 논설과 강연을 통하여 민족 독립 사상을 고취하고 민주주의 사상을 가르쳤다. 또한 학생들을 교육하고 계몽하여 인재를 양성하는 등 한국인의 의식 발전에 큰 공헌을 하였다.

1982년 1월 5일

야간 통행금지 전면 해제

1982년 1월 5일 광복 이후 37년간 시행되었던 야간 통행금지가 해제되었다. 1964년 1월 16일 제주도 일원에 처음으로 통행금지가 해제된 이후, 휴전선 접적 지역과 해안선을 낀 일부 지역을 제외하고 전국적으로 전면 확대된 것이었다. 우리나라 최초의 야간 통행금지가 언제 시행되었는지는 정확하게 알려져 있지는 않다. 다만 『조선왕조실록』에 1401년 5월 무렵 '초경 3점 이후 5경 3점 사이에 돌아다니는 자는 가두었다'고 기록되어 있어 그 이전부터 엄하게 시행되었음을 짐작할 뿐이다.

야간 통행을 금지한 이유는 밤에는 전기가 없어 아무런 생산 활동을 못하기 때문에 할 일 없이 집 밖을 돌아다니는 것을 막기 위함이었다. 조선 시대의 야간 통행금지는 고종 32년(1895)까지 시행되었으나 사실상 그해 9월에 폐지되었다.

광복 이후에는 1945년 9월 8일부터 미군정이 서울과 인천에 통행금지를 시행하였다. 이후 1954년 4월 1일 경범죄 처벌법을 만들고 야간 통행을 계속 금지시켰으며 위반자는 구류 또는 과료에 처했다. 뚜렷한 법률적 근거 없이 이 제도를 지속시킬 수 있었던 것은 남북의 대치 상황에 대한 국민들의 이해와 묵인이 있었기 때문이었다.

—

1951년 1월 5일

소설가 김동인 사망

—

1951년 1월 5일 근대 단편 문학의 거장 김동인이 세상을 떠났다.

김동인은 1900년 평양에서 태어나 숭덕소학교를 마치고 1914년 일본으로 건너가 메이지 학원을 졸업했다. 1919년 우리나라 최초의 문예 동인지 『창조』를 창간하고 창간호에 「약한 자의 슬픔」을 발표하면서 문학가로 출발하였다.

김동인은 「배따라기」 「감자」를 발표하며 명성을 얻기 시작하였다. 그는 특유의 직선적이고 순수 문학적인 작품을 지향하면서 이광수 등의 계몽적 교훈주의를 청산하려 하였다. 또한 「광염 소나타」 「광화사」 등에서는 지나치게 극단적인 탐미주의와 직선적 사실 기법을 구사하기도 하였다. 광복 후에도 활발하게 활동했지만 1951년 1 · 4 후퇴 직후 가족들이 피난 간 사이 갑자기 숨을 거두고 말았다.

김동인은 한국 근대 단편 소설의 새로운 분야를 이룩했다는 점을 높이 평가받고 있으며 그가 세상을 떠난 후 『동인전집』 전 10권, 『김동인전집』 전 7권이 간행되었다.

—

1995년 1월 5일

케이블 TV 방송 개시

—

케이블 TV는 1948년 미국에서 처음으로 난시청 해소의 목적으로 실

시되었다. 케이블 TV는 방송 프로그램을 동축케이블이나 광케이블을
이용하여 보내는 방식으로 우리나라는 1991년 시험 방송을 거쳐 1995
년 1월 5일 본격적으로 시행하였다.

　케이블 TV는 지상파 TV에 비해 가용 채널이 많으며 세분된 시청자
를 대상으로 프로그램을 편성함으로써 채널의 전문화에 기여하였다.

1월의
모든 역사

1월 6일

■
·
■

1402년 1월 6일

무과법이 제정되다

조선 왕조의 무과 실시는 사병 혁파와 밀접한 관련이 있다. 고려 말에는 병제가 해이해져 절도사들이 멋대로 군사를 뽑아 거느리고 있었다. 이것은 잦은 외침에 대비하기 위한 임시방편이었다.

그러나 조선이 건국되자 상황은 달라졌다. 새로이 건국된 조선 왕조에게 사병은 군사권을 강화하는 데 장애물이 될 뿐이었다.

이에 이방원은 정종 2년(1400) 4월에 사병 혁파를 단행하였고, 정종이 왕위를 물려주자 태종이 중앙군과 시위군을 강화하였다. 이러한 과정에서 새로운 무관과 군사를 양성하고 선발할 필요가 생겨 무과를 실시했던 것이었다.

조선 시대의 신분 제도는 양반 제도를 기본으로 이루어졌다. 양반이란 문신을 이르는 문반文班과 무신을 이르는 무반武班을 말한다. 양반은 인재 등용문인 과거 제도를 통해 관직에 나아가 조선 사회를 주도하는 지배층이 되었다. 과거 제도는 고려 광종 9년(958)에 처음 시행되었다. 이때에는 문신을 선발하는 제술업과 명경업, 기술관을 선발하는 잡업으로만 나누어져 있었다. 무신을 뽑는 무과 제도는 고려 예종 때 처음으로 실시되었으나 얼마 안 되어 문신들의 반대로 폐지되었다.

고려 시대에 제대로 빛을 보지 못했던 무과 제도는 1402년 1월 6일 무과법이 제정되면서 비로소 활발하게 실시되었다. 무과 제도도 문과와 마찬가지로 3년에 한 번씩 정규적으로 실시되는 식년 무과와 증광 · 별시 · 알성시 · 정시 · 춘당대시 등 비정규 무과가 있었다. 식년 무과는 식년 문과와 같이 초시 · 복시 · 전시의 세 단계로 치러졌다. 초시는 자子 · 묘卯 · 오午 · 유酉에 해당하는 해의 전해 가을에 실시되었고 복시와 전시는 식년의 봄에 실시되었다. 초시는 서울과 지방에서 190명을 뽑았으며 복시는 28명을 뽑았다. 마지막 전시는 이들 28명을 갑과 3명, 을과 5명, 병과 20명의 등급으로 구분하였다. 그러나 식년시 복시에서의 28인 규정은 제대로 지켜지지 않았으며 대부분 훨씬 더 많은 인원을 뽑았다.

문 · 무과 급제자가 처음 받는 관직 · 품계

과별	문과			무과	
등급	인원	품계(관직)		인원	품계
장원	1	종6품직			
갑과	2	정7품직		3	종7품계
을과	7	정8품직		5	종8품계
병과	23	정9품직		20	종9품계

초시의 시험 과목은 처음에는 목전 · 철전 · 편전 · 기사 · 기창 · 격구 등 6기였다. 그러나 『속대전』 이후에는 목전 · 철전 · 편전 · 기추 · 유엽전 · 조총 · 편추를 고시하였다. 복시는 식년 봄에 초시 합격자를 한성에 모아 병조와 훈련원이 주관하여 강서와 무예를 고시하였다. 무예와 별도로 강서를 시험 본 이유는 무과 출신의 질이 떨어지는 것을 막기

식년시 선발 인원

종류			초시	복시(회시)	전시
문과(대과)			관시 50인 한성시 40인 향시 150인	33인	갑과 3인 장원 방안 탐화(랑) 을과 7인 병과 23인
소과(사마시)	생원시		한성시 200인 향시 500인	100인	–
	진사시		한성시 200인 향시 500인	100인	–
무과			원시 70인 향시 120인	28인	갑과 3인 을과 5인 병과 20인
잡과	역과	한학	사역원시 23인 향시 22인	13인	–
		몽학	사역원시 4인	2인	–
		왜학	사역원시 4인	4인	–
		여진학	사역원시 4인	4인	–
	의과		전의감시 18인	9인	–
	음양과	천문학	관상감시 10인	5인	–
		지리학	관상감시 4인	2인	–
		명과학	관상감시 4인	2인	–
	율과		형조시 18인	9인	–

위해서였다.

각종 별시 무과에서는 대개 초시가 생략되었으며(증광시 제외), 어떤 때는 한 차례의 시험만으로 급제자를 뽑기도 하였다. 별시 무과에서는 뽑는 인원도 일정하지 않았다. 광해군 10년(1618) 정시에는 3,200명을 뽑았으며 숙종 2년 실시된 정시에서는 18,251명을 뽑아 만과라 불리기도 하였다. 그 결과 조선 시대의 무과 급제자의 총 수는 약 15만 명에 이르렀으나 문과 급제자는 14,500명뿐이었다.

처음에는 수공업 · 상인 · 무당 · 승려 · 노비 · 서얼을 제외하고는 누구나 과거 시험에 응시할 수 있었다. 그러나 15세기 초 태종 대에는 혈통에 의한 신분제가 확립되면서 양반이 아니면 과거에 응시할 수 없게 되었다. 하지만 무과의 경우에는 처음과 달리 응시 자격이 점차 완화되어 서자는 물론 천인들도 면천을 거쳐 무관에 등용됨으로써 신분을 상승시킬 수 있는 좋은 기회가 되었다.

—

1978년 1월 6일

단양 신라 적성비 발견

—

1978년 1월 6일 단국대학교 학술 조사단은 단양읍 하방리 뒷산인 성재산 적성 내에서 옛 비문 하나를 발견하였다. 비문의 윗부분이 일부 떨어져 나갔으며 비스듬히 누워 30cm 정도가 땅 속에 묻힌 상태였다. 이 비문은 바로 신라 제24대 진흥왕(?~576)이 세운 척경비였다. 비문의 전체 글자 수는 440자 정도로 추정되며 판독할 수 있는 글자는 288자뿐이었다. 예서풍의 해서로 잘 쓰인 글씨는 첫머리 부분이 없어서 완전 해독은 어려웠다. 그러나 대체적인 내용을 살펴보면 진흥왕 때 신라가 죽령을 넘어 종전 고구려 영토를 차지한 후 이곳 백성들을 위로하고자 세운 것임을 알 수 있다.

비문의 첫머리에는 왕의 교지를 받은 신라 중앙 고관 10인의 이름이 나온다. 그다음에는 진흥왕이 이사부 등 10인의 고관에게 하교하여 신라의 영토 확장을 돕고 충성을 바친 야이차의 공로를 표창했다는 이야기가 나오고, 장차 야이차와 같이 신라에 충성하는 사람에게는 똑같은 포상을 내리겠다는 국가 정책을 기록하고 있다.

비문에 나오는 중앙 고관 10인의 관직과 이름을 『삼국사기』의 내용과 비교해본 결과 비문은 대략 진흥왕 6~11년(545~550) 사이에 건립되었을 것으로 추정되었다. 이 비는 당시의 관직과 법률, 촌락의 존재 양상에 대한 연구에 크게 기여하고 있으며 국보 제198호로 지정되었다.

—

1916년 1월 6일

시인 박목월 출생

—

시인 박목월은 1916년 1월 6일 경상북도 경주에서 태어났다. 그는 1946년 무렵부터 교직에 종사하여 대구 계성중학교, 이화여자고등학교 교사를 거쳐 서울대학교·연세대학교·홍익대학교 등에서 교편을 잡았다. 1958년 한국 시인 협회 간사를 역임하였고 1960년 회장직을 맡아 1973년까지 계속하였다.

박목월은 처음에는 동시를 썼는데 1933년 『어린이』지에 「통딱딱 통딱딱」이 특선되었고, 같은 해 동요 「제비맞이」가 당선된 이후 많은 동시를 썼다. 1955년 첫 시집『산도화』로 제3회 아세아 자유문학상을 수상하였다. 그는 김소월과 김영랑을 잇는 향토적 서정성을 심화시켰으며 민요조를 개성 있게 수용하였다. 주로 가족이나 생활에서 시의 소재를 택하여 담담하고 소박하게 그려 냈으며 인간의 운명이나 사물의 본성에 관해 깊이 통찰하였다.

—
1920년 1월 6일
조선일보 발행 허가
—

1920년 1월 6일 조선 총독부로부터 발행 허가를 받은 조선일보는 3월 6일자 석간 호를 창간호로 발행하였다. 조선일보는 일제 강점기에 수차례 정간과 폐간을 당했지만 현재까지 우리나라의 주요 일간지 중 하나로 확고한 자리를 차지하고 있다. 1933년에 방응모가 회사를 인수하여 서울 태평로에 현대식 사옥을 신축하고 사장으로 취임하였다.

—
1950년 1월 6일
제1회 고등고시 실시
—

1950년 1월 6일 제1회 고등고시가 실시되었다. 1949년 제정된 '고등고시령'에 의거하여 행정과와 사법과로 나누어 실시되었는데 첫 회에는 행정과에 531명, 사법과에 634명이 응시하였다. 이후 고등고시는 매년 1회씩 실시되었다. 1981년 4월부터는 '5급 공개경쟁 시험'으로 명칭을 바꾸었으며 행정 · 외무 · 기술 고등고시로 구분하여 시행하였다.

1990년 1월 6일

대한항공 여객기, 시베리아 영공 첫 통과

구소련의 붕괴를 계기로 한국과 러시아 간의 외교 관계가 수립되면
서 시베리아 항로가 개척되었다. 그에 따라 1990년 1월 6일 대한항공
여객기가 처음으로 시베리아 영공을 통과하였다. 이전까지만 해도 유
럽행 항로의 경우 앵커리지를 경유하여 북극을 따라 우회해서 비행해
야 했다. 하지만 시베리아를 횡단하는 항로가 개척됨으로써 경제성이
나 항공기 가동률 면에서 많은 혜택을 얻게 되었다.

2003년 1월 6일

부산 광안대교 개통

1994년 8월 착공을 시작한 광안대교가 2003년 1월 6일 개통하였다.
광안대교는 부산광역시 수영구 남천동과 해운대구 우동의 센텀시티를
잇는 총 길이 7,420m, 너비 18~25m인 대한민국 최대의 해상 복층 교
량이다. 국내 최대 규모의 3경간 연속 2층 트러스교를 현수교 양측에
건설하였다. 부산 해안 순환 도로망의 일환으로 항만 물동량의 원활한
처리와 만성적인 도심 교통량 해소를 위해 착공되었으며 총 공사비는
7,899억 원이 들었다. 광안대교는 무려 10만 가지 이상의 다양한 색상

을 낼 수 있는 조명 시설을 갖추어 광안 해수욕장의 야경과 함께 부산
의 명소로 자리 잡았다.

1997년 1월 6일

소설가 장정일, 검찰에 소환

1997년 1월 6일 소설가 장정일은『내게 거짓말을 해봐』의 출판으로
음란 문서 제조 등의 혐의로 구속되었으며 소설은 판매 금지를 당하였
다. 이 소설은 연상의 조각가 제이와 사랑에 빠진 당돌한 여고생 와이
가 서로 집착하며 성관계를 거듭하다 결국 한국적 사디즘(가학)과 마조
히즘(피학) 관계로까지 함몰해 가는 과정을 담고 있어 우리 문학계에
외설 논쟁을 불러일으켰다.

1월의
모든 역사

1월 7일

1438년 1월 7일

장영실, 자동 물시계 옥루를 만들다

세종 대에 만들어진 수많은 위대한 발명품들은 장영실 같은 뛰어난 장인이 있었기에 가능한 것이었다. 아무리 우수한 아이디어라도 발명품이 되기 위해서는 뛰어난 기능공의 손을 거쳐야 하기 때문이다. 그런 의미에서 장영실은 세종의 아이디어를 현실로 구체화시킨 '위대한 손'이었다.

　　세종 대왕의 '위대한 손' 장영실은 조선의 신분 제도 속에서 가장 출세한 사람 중 한 명이었다. 그의 어머니는 관기였고 그도 원래는 관노비였다고 한다. 아버지는 조선에 귀화한 원나라 사람으로 추정된다. 그런 그가 종3품의 벼슬에 올라갈 수 있었던 것은 뛰어난 손재주와 과학적 업적이 있었기에 가능한 것이었다.

　　장영실은 10살 때 부산 동래부의 관노로 들어갔는데 어려서부터 고치고 만드는 재주가 뛰어났다. 이 재주가 동래 부사의 눈에 띄게 되어 이후 장영실은 10여 년의 관노 생활 동안 동래 부사가 구해 주는 많은 과학 서적들을 읽을 수 있었다. 장영실은 일을 마치고 나면 누가 시키지 않아도 틈틈이 병기 창고에 들어가 녹슬고 망가진 병장기와 공구들을 말끔히 정비하였다. 고달픈 노비 생활을 하다 보면 틈날 때마다 편히 쉬고 싶게 마련이나 장영실은 스스로 일을 찾아 그것마저도 완벽하게 해낸 것이었다. 이렇게 자신이 할 수 있는 일을 찾아 끊임없이 노력했기에 그는 더 큰 세상으로 나아갈 수 있었다.

　　언제인지는 정확하게 알 수 없으나 그는 태종에게 발탁되어 궁궐 공장에서 일을 시작했다. 그러나 그가 빛을 발할 수 있었던 것은 역시 세종을 만나고 나서부터였다. 세종은 전국에 재주 있는 자는 귀천을 가리지 말고 중앙에 추천하라는 교지를 내릴 정도로 인재를 등용하는 데 융통성이 있었다. 세종은 장영실이 천민 신분이지만 손재주가 뛰어날 뿐만 아니라 성실하고 책임감이 강함을 알고 가까이 두었다. 1423년에는 관노비 신분을 풀어 주고 종5품 상의원 별좌를 제수하였다. 기생 소생의 관노비를 면천시키고 관직까지 제수하자 조정 대신들의 반대가 심했다. 하지만 세종은 장영실의 지식과 솜씨를 총애하였고, 결국 종3품의 대호군에까지 오를 수 있었다.

　장영실은 명나라에서 유학하고 돌아와 많은 과학 기기들을 만들었
다. 그중 대표적인 것이 바로 해시계 앙부일구와 물시계인 자격루와 옥
루이다. 자격루는 1434년에 만들어졌는데 자동으로 시각을 알려 주도
록 정교하게 설계되었다고 한다.

　그 후 장영실은 자격루와 중국의 물시계, 아라비아 물시계들을 밤낮
으로 연구하여 1438년 1월 7일 자격루보다 더 정교한 옥루를 완성하였
다. 옥루는 시간을 알려 주는 자격루와 천체의 운행을 관측하는 혼천의
의 기능을 합친 자동 물시계로 시간은 물론 계절의 변화와 절기에 따라
해야 할 농사일까지 알려 주었다.

　옥루가 완성되자 세종은 기쁨을 감추지 못하였다. 세종은 자신의 집
무실인 경복궁 천추전 서편에 흠경각을 지어 그곳에 옥루를 설치하게
하고 수시로 드나들며 관심을 기울였다. '흠경'은 임금이 하늘의 뜻에
잘 따라 백성들에게 그 뜻을 공손히 알려 준다는 뜻으로 시계를 보관하
기 위해 특별히 지은 집이다. 그러나 애석하게도 장영실이 만든 옥루는
명종 초에 실화失火로 소실되어 명종 9년(1553) 8월에 다시 만들었다고
한다.

　세종의 총애를 한 몸에 받았지만 장영실의 말년은 그리 순탄하지 않
았다. 장영실이 감독하여 제작한 가마를 세종이 사용하다가 부서지는
사고가 일어났던 것이다. 이 사고로 장영실은 하루아침에 불경죄로 파
직되었다. 세종은 곤장 100대의 형벌을 80대로 감해 주었을 뿐 이후 장
영실은 역사의 뒤안길로 사라지고 말았다.

　정교한 과학 기구를 수없이 만들어온 그가 정말 가마 하나를 제대로
만들지 못했을까? 장영실이 역사에서 완전히 퇴장한 데에는 몇 가지
의문점이 있다. 그의 솜씨로 보아 가마를 잘못 만들었다고 추정하기에

는 무리가 있다. 아마도 그는 감독만 했는데 누군가 그를 골탕 먹이기 위해 고의로 허술하게 만들었던 것은 아닐까. 조선 시대에 노비에서 정 3품 관직으로의 신분 상승은 양반들에게는 거슬리는 일이었다. 따라서 장영실의 출세가 신분제를 뿌리부터 흔들 수도 있다고 생각한 사람들이 그를 제거했을 것이라는 추측이 가능하다.

　또 다른 의문은 그토록 장영실의 솜씨와 재주를 칭찬했던 세종이 왜 끝까지 그를 구해 주지 않았을까이다. 이에 대해서는 세종의 건강 문제를 생각해볼 수 있다. 세종은 원래부터 병치레가 잦았는데 사고가 나던 해에는 과중한 업무를 견디지 못하고 세자에게 결재권을 넘겨줄 정도로 건강이 악화되어 있었다. 당시에는 아무리 작은 실수라도 임금에게 해를 끼치면 대역죄로 다스려졌다. 더욱이 건강하지 못한 임금이 탄 가마가 부서졌으니 죄는 더욱 엄중했다. 그나마 곤장을 맞고 파직되는 데 그친 것은 세종이 변호해 주었기에 가능한 일이었다.

　장영실이 이룬 업적을 고려할 때, 그가 파직당한 채 쓸쓸한 노년을 맞이했다는 것은 당시 신분의 굴레를 벗어날 수 없었던 역사의 한 단면을 잘 보여 주고 있다.

1895년 1월 7일

김홍집 내각, 홍범 14조 발표

　동학 농민군을 진압한다는 명분으로 조선에 군대를 파견한 일본은 군대를 동원하여 경복궁을 점령하였다. 일본은 친청 사대당을 몰아내고 친일 인사들을 중심으로 김홍집 내각을 수립하였다. 게다가 청일 전쟁으로 승세를 잡게 된 일본은 군국기무처를 폐지하고 김홍집·박영효 연립 내각을 수립한 후 재차 개혁을 추진하였다.

이에 고종은 1895년 1월 7일 종묘에 나가 홍범 14조를 선포하였다. 주요 내용은 청나라의 대한 종주권 부인, 왕실과 국정 분리, 대원군과 명성황후의 정치 개입 배제, 근대적 내각 제도의 확립, 재정과 조세 제도 정비, 지방 제도 개편, 법치주의에 따른 국민의 생명과 재산권 보호, 문벌 폐지와 능력에 따른 인재 등용 등이었다.

홍범 14조는 비록 일본 공사의 권유에 의해 만들어졌지만 개화파의 개혁 의지가 반영된 강령이었다. 또한 우리나라 최초의 헌법적 성격의 강령으로 국왕이 청나라에 대한 종주권을 부인하고 대내외에 조선이 자주 독립국임을 선포했다는 데 역사적인 의의가 있다. 그러나 자주 독립의 선포는 조선을 청나라의 영향력으로부터 이탈시켜 침략을 용이하게 하기 위한 전략적 의도에서 비롯된 것으로 이후 일본은 이를 통하여 내정 간섭을 더욱 강화하였다.

—

1948년 1월 7일

초등학교 의무 교육제 실시

—

우리나라의 초등학교 의무 교육은 1950년 6월부터 시행되었으나 헌법에 명시된 것은 1948년 1월 7일이다. 의무 교육은 국가가 국민의 권리를 보호하기 위하여 학교를 설치하고 교육의 기회를 평등하게 주는 교육 제도를 취한다는 데 그 의의가 있다.

헌법에는 '모든 국민은 그 보호하는 자녀에게 적어도 초등 교육과 법

률이 정하는 교육을 받게 할 의무를 진다'고 명시하여 초등 교육을 의
무화하고 있다. 교육을 받을 권리의 주체는 원래 취학 연령에 있는 미
성년자이지만 이들은 독립하여 생활할 수 없기 때문에 교육의 의무는
보호자에게 부과하고 있다.

—
1908년 1월 7일
청진항, 외국통상항으로 지정
—

청진항은 함경북도 청진시에 있는 항구로 1908년 1월 7일 칙령 1호
에 의거하여 외국통상항으로 지정되고, 그해 4월 1일 개항되었다. 청진
은 원래 60여 호가 모여 사는 조그마한 어촌이었으나 러일 전쟁이 발
발하자 병력과 군수 물자의 출입항으로 차츰 발전하였다. 이후 함경선
과 청회선 철도의 개통으로 간도 방면의 물자 수출입항으로 각광받게
되어 1921년부터는 대대적인 축항 공사가 시작되었다.

청진은 1930년대에 들어서면서 무산 · 철산의 개발과 더불어 3대 제
철 공장을 비롯한 방직 · 기계 · 유지 · 통조림 등의 각종 공장이 건설되
어 중공업 도시로 크게 비약하였다. 1943년 무렵에는 함경북도의 중심
도시이자 전국 4대 도시의 하나로까지 발전하였다.

2009년 1월 7일

인터넷 논객 미네르바 체포

인터넷상에서 '미네르바'라는 필명으로 정부의 경제 정책에 대해 신랄한 비판을 해왔던 인터넷 논객이 검찰에 체포되었다. 서울 중앙 지검은 2009년 1월 7일, 인터넷상에 허위 사실을 유포하여 국제 신인도와 외환 시장에 영향을 끼친 혐의(전기통신 기본법 위반)로 박대성 씨를 긴급 체포하고 구속 수감하였다.

검찰은 박 씨가 2008년 12월 29일 '대정부 긴급 공문 발송'이라는 제목으로 '정부가 7대 금융 기관 및 수출입 관련 주요 기업에 달러 매수를 금지하라는 긴급 공문을 전송했다'라고 올린 글은 전혀 근거가 없는 허위 사실에 해당한다고 밝혔다.

미네르바는 2008년 3월부터 다음 아고라에서 스스로를 '파생금융상품 설계 능력을 가진 늙은 노인'으로 지칭하면서 100여 개의 글을 올렸는데 대부분 정부의 경제 정책을 비판하는 내용이었다. 미네르바의 경제 예측은 높은 적중률을 자랑하며 국내 네티즌들은 물론 해외 언론의 주목을 받기에 이르렀다. 특히 리먼 브라더스의 파산을 예측하여 적중시킨 후에는 '인터넷 경제 대통령'이라는 별칭까지 얻게 되었다. 인터넷 게시판에서 건당 평균 조회 수 10만을 훌쩍 넘기는 등 화제의 중심에 오르기도 했다.

정부 경제 정책에 대한 비판 수위가 높아지고 미네르바의 신원에 대한 관심과 의혹이 고조된 가운데 표현의 자유와 사생활 침해 논란을 일으킨 이 사건은 2009년 4월 20일 1심에서 무죄를 선고받고 미네르바가 풀려나면서 일단락되었다.

—

1947년 1월 7일

시인 홍사용 사망

—

1947년 1월 7일 「나는 왕이로소이다」로 유명한 시인 홍사용이 사망했다. 그는 1922년 『백조白潮』를 창간하고 창간호에 「백조는 흐르는데 별 하나 나 하나」를 발표한 이래 향토적인 소재를 감상적인 가락에 실어서 노래했다. 홍사용은 한국 낭만주의 시운동의 기수로 김소월과 쌍벽을 이루는 민요 시인으로 평가받고 있다.

1월의
모든 역사

1월 8일

∷
·
∷

1932년 1월 8일

이봉창, 일왕에게 수류탄을 던지다

"제 나이가 31세입니다. 앞으로 다시 31년을 더 산다 해도 과거 반 생에서 맛본 방랑 생활에 비한다면 늙은 생활에 무슨 취미가 있겠 습니까? 인생의 목적이 쾌락이라면 31년 동안 인생의 쾌락은 대강 맛보았습니다. 그런 까닭에 이제는 영원한 쾌락을 얻기 위하여 우 리 독립 사업에 헌신하고자 상하이에 왔습니다."

-이봉창

 김구가 조직한 한인 애국단의 일원이었던 이봉창은 1932년 1월 8일 일본 경시청 현관 앞에서 일왕 히로히토를 향해 힘차게 수류탄을 던졌다. 난데없는 요란한 폭음 소리에 주변에 있던 행렬 참관자들은 모두 비명을 지르며 흩어졌다. 이날 히로히토는 만주국 괴뢰 황제 푸이와 도쿄 요요기 연병장에서 관병식을 거행하고 궁으로 돌아가는 길이었다.

 이봉창은 평소 일왕의 얼굴을 잘 기억하고 있었지만, 이날은 몹시 흥분해서인지 잘 알아보지 못했다. 그래서 아쉽게도 일왕이 탄 첫 번째 마차를 지나 보내고 궁내 대신이 타고 있던 두 번째 마차를 향해 수류탄을 던졌다. 그러나 수류탄의 위력이 약해 두 번째 마차에 약간의 파손을 입혔을 뿐 아무런 인명 피해도 없었다. 이봉창은 폭음의 소용돌이가 멎은 뒤 자신이 거사했음을 밝히고 일본 경찰에 당당히 체포되었다.

 이봉창은 용산역 만선 철도에서 기차 운전을 하였으나 일본인과의 차별에 불만을 품고 그만두었다. 그는 일본에서는 차별이 심하지 않다는 이야기를 듣고 일본으로 건너갔으나 일본에서의 생활은 훨씬 혹독했다. 그가 일본 생활 5년 동안 깨달은 것은 조선인이 차별받지 않기 위해서는 민족의 독립이 최우선이라는 사실이었다.

 이봉창은 일본에서의 방랑 생활을 청산하고 독립운동을 위해 상하이로 건너갔다. 한국인 거류민단 사무실을 찾아가 김구와 처음 만난 이봉창은 독립운동에 헌신할 것을 호소하였다. 그러나 일본에서 오래 산 탓인지 그의 말은 절반이 일본어였고 동작 또한 일본인과 흡사했다. 김구는 이러한 이봉창을 유심히 지켜보고만 있었는데 어느 날 오해가 풀리는 결정적인 계기가 있었다. 이봉창은 자주 민단 직원들을 찾아와 술자리를 함께하곤 했다. 이날도 이봉창은 민단 주방에서 술과 국수를 같이 먹다가 반쯤 취기가 돌자 직원들과 이야기를 주고받기 시작하였다. 먼저 이봉창이 흥분하여 목소리를 높여 말하였다.

"당신들은 독립운동을 한다면서 왜 일왕을 못 죽입니까?"

"일개 문무관도 죽이기가 쉽지 않은데, 일왕을 죽이기가 쉽겠소?"

"내가 작년 도쿄에서 일왕이 행차할 때 길에 엎드려서 생각하기를 내게 지금 폭탄이 있다면 쉽게 죽일 수 있지 않을까 싶었습니다."

문밖에서 이 소리를 유심히 들은 김구는 그날 저녁 이봉창이 묵고 있는 여관을 조용히 방문하여 그가 큰 결심을 품고 상하이로 건너왔음을 확인하였다. 이때부터 김구는 한인 애국단의 활동을 본격적으로 준비하기 시작하였다.

1년여의 준비를 거쳐 1931년 12월 중순 즈음 김구는 이봉창에게 일본으로 건너갈 준비 자금과 함께 폭탄 두 개를 건네주었다. 두 사람은 함께 기념사진을 찍고 거사가 성공하기를 격려하고 헤어졌다. 그로부터 10여 일 후 도쿄에 도착한 이봉창은 '1월 8일에 물품을 방매하겠다'는 내용의 전보를 김구에게 전달하였다.

예정대로 이봉창이 거사를 결행하자 이 소식은 우리 민족뿐만 아니라 중국인들도 흥분시켰다. 중국의 각 신문들은 이 사실을 대서특필하였다. 특히 중국 국민당 기관지인 국민일보는 '한국인 이봉창이 일왕을 저격하였으나 불행하게도 명중시키지는 못하였다'고 보도하여 모든 중국인의 간절한 의사를 대변하였다.

이봉창은 강제 연행된 뒤 아홉 번의 예심을 거쳤으며 두 번의 공판을 받았다. 형법 제73조에 규정된 '대역 죄인'으로서 첫 번째 구형 공판과 두 번째의 선고 공판에서 모두 사형을 선고받았다. 마침내 1932년 10월 10일 오전 9시 2분 이봉창은 이치가야 형무소에서 순국했다. 이봉창의 나이 만 31년 2개월, 길지 않은 생애였지만 그의 죽음은 고귀하고 거룩

했다. 김구는 형이 집행되는 날 그의 위대한 위업을 기리고 죽음을 애도하는 뜻으로 모두 한 끼의 식사를 굶을 것을 제의하였다.

이봉창의 의거는 일본의 도쿄, 그것도 치안을 책임지고 있는 경시청 문 앞에서 벌어졌으며 일본 제국주의의 상징인 일왕을 직접 겨냥했다는 데 가장 큰 의의가 있다. 이 사건은 이후 임시정부의 독립운동 방향을 결정짓는 데 커다란 영향을 미쳤다. 윤봉길 의사의 상하이 홍커우 공원 거사가 성공했던 것도 결국 이봉창의 거사가 있었기에 가능했던 것이다. 『백범일지』에 의하면 윤봉길은 이 사건이 있은 후 얼마 지나지 않아 김구를 찾아와 자신도 제2의 이봉창이 되기를 간청하였고 이후 윤봉길은 홍커우 공원 거사를 성공적으로 치르게 되었다.

1593년 1월 8일

조선 · 명나라 연합군, 평양성 탈환

1593년 1월 8일 새벽, 조선 · 명나라 연합군은 평양성의 서북쪽을 포위하고 총공격을 감행하였다. 성을 차지하고 있던 왜병장 소서행장은 완강히 저항하였으나 사태를 뒤집을 수 없음을 깨닫자 황급히 달아났다. 1천 2백 명의 군사를 잃고 왜군은 대동강을 건너 서울로 후퇴하였다. 평양성 탈환전은 임진왜란이 시작된 다음 해, 정월 초엿새 이른 아침에 시작하여 공격 사흘 만에 되찾은 것이었다.

임진년(1592) 왜군이 부산에 상륙한 이래 조선은 무방비 상태로 왜군에게 짓밟혔고 선조는 의주를 향하여 피난을 떠났다. 나라가 존망의 위기에 처한 조선 조정에서는 이덕형을 명나라에 특사로 파견하여 지원을 요청하였다. 명나라는 이여송을 총지휘관으로 삼아 5만의 군대를 파견하였고, 그해 12월 25일 이여송의 주력 부대는 압록강을 건너 의주에 이르렀다. 일본 군대는 조선을 침략할 때 '명나라를 치러 가는 길을 빌리자'는 명분을 내세웠다. 이 때문에 명나라는 왜군이 자기 나라로 침입하기 전 조선 땅에서 전쟁을 치르는 것이 좋겠다고 판단하여 군대를 파견한 것이다.

평양성 탈환은 역사적으로 큰 의미를 가진다. 이순신 장군이 지휘하던 수군에 의하여 바다를 통한 보급로가 차단된 왜군이 수세에 몰리는 결정적인 계기가 되었기 때문이다.

—

1974년 1월 8일

유신 정권, 긴급 조치 1호 선포

—

1974년 1월 8일 유신 헌법 반대 운동을 처벌하기 위한 대통령 긴급 조치 1호가 선포되었다. 이 법으로 '유신 헌법의 민주적 개정을 위한 100만인 서명 운동'을 벌이던 장준하 · 백기완 등이 구속되었다. 이후 대량의 인신 구속과 불법 고문 수사 등의 갖은 인권 유린이 자행되었다.

—

1965년 1월 8일

정부, 비전투 병력 베트남 파견

—

1965년 1월 8일 우리 정부는 내각 회의 결정에 따라 베트남에 비전투원 2,000명으로 구성된 군사 원조단을 파견하기로 결정하였다. 군사 원조단은 공병 부대와 자체 경비 병력으로 구성하였다. 이러한 결정은 베트남과 미국 정부의 요청에 따른 것이었다. 1월 26일 국회에서 파병 동의안이 가결되었고 2월 25일 베트남에 비둘기 부대로 명명된 파견단 제1진이 도착하였다.

1905년 1월 8일

아동 문학가 마해송 출생

아동 문학가이자 수필가인 마해송은 1905년 1월 8일 개성에서 태어났다. 그는 보성고등보통학교를 다니다가 동맹 휴학 사건으로 중퇴하고 1921년 일본으로 건너갔다. 광복 후 귀국하여 국방부 한국문화연구소 소장으로 있다가 한국 전쟁 중에는 종군 문인단의 일원으로 있었다. 그는 아동문화 운동에 큰 관심을 가지고 있었으며 1957년 「대한민국 어린이헌장」을 발표하였고 1962년에는 서울특별시 시민 헌장 기초에도 참여하였다.

1923년에는 우리나라 최초의 창작 동화로 알려진 『바위 나리와 아기별』을 발표하였다. 1924년에는 색동회에 가입하여 어린이를 위한 문화 운동을 계속하면서 『어머님의 선물』 『장님과 코끼리』 등을 비롯하여 많은 동화를 발표했다. 1959년에는 『모래알 고금』으로 제6회 자유 문학상을, 1964년 『떡배 단배』로 제1회 한국 문학상을 수상하였으나 1966년 뇌내출혈로 사망했다.

1949년 1월 8일

이승만 대통령, 쓰시마 섬 반환 요구

1949년 1월 8일 신년 기자 회견에서 대한민국의 초대 대통령 이승만은 대마도의 영유권을 주장하며 일본에 대마도의 반환을 요구하였다. 쓰시마 섬은 한국과 일본 규슈 사이에 있는 섬으로 일본 나가사키 현에 속하며 우리나라에서는 대마도라고 부른다.

이승만은 정부 수립 직후 1948년 8월 18일 성명에서 일본에 대마도는 우리 땅이니 속히 반환할 것을 주장한 바 있다. 이에 일본이 항의하자 이승만은 외무부를 시켜 1948년 9월 '대마도 속령屬領에 관한 성명'을 발표하기도 하였다.

1948년 1월 8일

유엔한국임시위원단, 서울 도착

1948년 1월 8일 유엔한국임시위원단UNTCOK이 서울에 도착했다. 이들은 유엔 총회의 결의에 따라 한반도에서 통일정부 수립을 위해 실시될 선거를 감시하기 위하여 입국하였다.

* 1948년 1월 12일 '유엔한국임시위원단 업무 개시' 참조

1월의
모든 역사

1월 9일

∎
∎
∎

1396년 1월 9일

조선, 한양에 도성을 축조하다

태조 5년 병자에 도성을 쌓았다. 서북면 안주 이남의 백성 11만 9천 명을 징발해 정월부터 일을 시작하여 2월 그믐에 해산하였다. 다시 가을에 강릉 · 경상 · 전라 3도의 백성 7만 9천 명이 징발되어 8월에 일을 시작해 9월에 마쳤다. 평양백 조준 등이 성을 쌓는 일을 감독하였다. 도성의 둘레는 모두 9천 9백 7십 5보였다.

『연려실기술』권 1

　태조는 조선을 건국하자 곧 새 도읍지를 물색하는 작업에 들어갔다. 개성은 이미 땅의 기운이 쇠하였고 민심도 새롭게 바꾸고 싶어서였다.

　처음에는 계룡산 지역이 유력한 후보지로 떠올랐다. 바닥은 좁았지만 주위가 산악으로 겹겹이 둘러싸여 외적을 막기에 안성맞춤이었던 것이다. 태조는 이곳에 궁궐터를 닦는 등 10개월 동안 공사를 진행하였다. 그러나 하륜은 계룡산 지역은 협소한 데다 교통도 불편하고 국토의 남쪽에 치우쳐 있다며 강하게 반대하여 도읍지를 다시 한양으로 옮겼다.

　그러자 이번에는 궁궐터를 놓고 의견이 분분하였다. 당시의 내로라 하는 풍수가들인 무학 · 정도전 · 하륜 등은 저마다 다른 장소를 지목하였다. 이 중 하륜이 주장한 무악은 일찌감치 후보에서 탈락하였고 무학과 정도전의 주장이 팽팽히 맞섰다.

　무학이 인왕산을 진산으로 하고 북악과 남산을 좌우의 용호로 삼자고 하자 정도전은 제왕은 남쪽을 향하는 게 원칙이라며 북악산 아래를 궁궐터로 강력히 추천하였다. 결국 정도전의 주장이 채택되어 경복궁이 이곳에 건설되었다. 아울러 불을 잡아먹는다는 해태의 석상을 세워 강 건너 관악산의 화기를 누르게 하였다.

　종묘와 사직 등 기본적인 시설들이 완성되자 태조는 도성 건설을 위해 '도성조축도감'을 설치하고 판사 등 담당 관리를 임명하였다. 또한 '성이라는 것은 국가의 울타리요, 적을 방어하고 민생을 보호하기 위한 것'이라며 성곽의 필요성을 역설하였다. 정도전에게는 도성의 터를 알아보는 역할이 주어졌는데 성터를 결정하는 일이 큰 고민이었던지 그와 관련한 전설이 지금까지도 전해진다.

　태조에게 도성의 터를 알아보라는 명을 받은 정도전은 이곳저곳을 돌아다니기 시작했다. 그러나 시간이 흘러도 마땅한 결정을 내리지 못한 채 혼자 애만 태웠다. 그러던 어느 날 밤새 눈이 내렸다. 다음 날 정도전이 산에 올라보니 다른 곳은 눈이 모두 녹았는데 한곳만 유독 눈이 그대로 쌓여 있었다. 이에 정도전은 하늘의 뜻이라 여기고 이내 눈이 쌓인 선을 따라서 성터를 결정했다. 이 때문에 도성을 설성雪城이라고도 했다.

축성 공사는 태조 5년(1396) 1월 9일에 그 첫 삽을 떴다. 전국의 장정 11만 8천 명이 동원되어 2월 28일까지 작업을 진행하였다. 이때 600척을 한 단위로 하여 97구간으로 나누고 인부를 투입시켰다. 이렇게 되면 1,300척이 남는데 이는 인왕산 꼭대기에 자연적으로 형성된 암석 지대가 그 부분에 해당한다.

각 구간 마다 이름을 붙였는데 천자문의 글자 순서를 따랐다. 즉 북악을 기점으로 동쪽부터 '천天'으로 시작하여 서쪽에 이르러는 '조弔'로 공사 구역을 마감했던 것이다. 실제로 곤자육백척崑字六百尺이라는 글자가 성벽에서 발견되고 있다. 또한 책임지고 공사를 진행하도록 하기 위하여 성벽 바깥에는 감독자의 관직명과 군명을 새겨 넣었다.

밤낮을 가리지 않고 진행된 공사는 49일 만에 끝이 났다. 높고 험한 곳에는 돌로 성을 쌓았고 낮고 평평한 곳에는 토성을 쌓았는데 토성이 석성보다 두 배는 길었다. 공사는 끝났지만 워낙 서두르다 보니 부실한 곳이 많았다. 그해 여름 장마로 곳곳이 허물어진 것은 예정된 결과였다. 아직 성문도 미완성 상태였기 때문에 8월 6일부터 9월 24일까지 자연스럽게 2차 공사가 이루어졌다. 모두 79,400명이 공사에 차출되어 무너진 토성 부분을 모두 석축으로 바꾸어 다시 쌓았다. 성에는 4대문과 4소문 등 8개의 성문을 설치하였다. 먼저 동서남북으로 큰 문을 두고 그 사이사이에 작은 문을 설치하였다.

이렇게 태조 대에 축성된 도성은 그 뒤 여러 차례 보수 공사를 하였고 특히 세종과 숙종 대에 대규모로 확대되었다. 세종 대에는 토성 부분을 석성으로 완전히 바꾸었다. 숙종 대에는 왜란과 호란으로 파괴된 많은 부분을 복구하고 성가퀴(성첩)를 대대적으로 쌓았다. 그러나 일제의 침략으로 서울의 성곽은 도시 계획이라는 미명하에 하나둘 헐려 나갔다.

—

1885년 1월 9일

한성 조약 체결

—

1885년 1월 9일 조선 측 전권 대신 김홍집과 일본 측 전권 대신 이노우에는 한성 조약에 서명하였다. 이 조약은 고종 21년(1884)에 일어난 갑신정변의 사후 처리에 대한 내용을 정한 것이었다.

김옥균 · 박영효 · 서광범 · 홍영식을 필두로 한 개화파들은 일본 정부의 지원을 약속받고 갑신정변을 일으켰다. 일본 공사 다케소에는 약속대로 군대를 동원하였으나 수적으로 우세한 청군에 패하여 후퇴하고 결국 갑신정변은 실패로 끝나고 말았다.

조선 정부는 예조참판 서상우를 특차 전권 대신으로 일본에 파견하여 일본 공사와 군대의 정변 개입에 항의하고 김옥균 등 정변을 주도한 인물의 인도를 요구하였다. 그러나 오히려 일본은 정변 중에 일어난 일본인의 인명 피해에 대해 조선 정부가 사죄할 것과 일본 공사관 소실에 대한 배상금, 희생자에 대한 보상을 요구하였다.

협상이 여의치 않자 일본은 이노우에를 전권 대신으로 임명하고 대

규모의 군대를 한성에 파견하여 협상을 시도하였다. 조선은 김홍집이 전권 대신으로 나서 협상을 진행하였으나 일본의 요구 조건을 대부분 수용하는 쪽으로 협상을 매듭짓고 말았다. 조선이 일본에 사의를 표명하고 피해자와 유족에 대해 배상하며, 일본 군인을 살해한 범인을 처벌하고, 일본 공관 이축 부지를 제공하고 공사비를 부담한다는 내용이었다.

이로써 일본은 무력까지 동원한 치밀한 협상을 전개하여 정변의 모든 책임을 조선에 떠넘기는 데 성공하였다. 이후 일본은 한성 조약을 구실로 조선에서 청나라와 대등한 세력을 유지할 수 있는 발판을 마련하였다.

1966년 1월 9일

계백 장군의 유구 발굴

1966년 1월 9일 충청남도 논산시 부적면 신풍리 수락산의 나지막한 언덕에서 백제 계백 장군의 묘로 전하는 유구가 발견되었다. 이 묘는 발견되었을 당시 봉분封墳이 반 이상 붕괴되어 내광이 노출되었으며 일부 파손된 채 방치되어 있었다. 이에 부적면 사람들은 이 묘에 지석支石을 안치하고 내광 회벽을 완봉한 후 봉묘하였다. 그리고 1976년 5월 19일 비석을 세워 '전백제계백장군지묘傳百濟階伯將軍之墓'라고 새겨 넣었다.

1978년 1월 9일

청동기 시대 별자리 판, 고인돌 발견

충청북도 청원의 아득이 마을이 대청댐 수몰 지역으로 지정되자 문화재 보존을 위한 고인돌 유적 발굴이 시작되었다.

1978년 1월 9일 아득이 1호 고인돌 덮개돌 아래에서 석실이 발견되었는데 무덤방에서는 불을 피웠던 흔적이 남아 있었다. 이 고인돌은 이미 도굴된 상태였지만 청동기 조각, 간돌, 토기, 별자리 판이 수습되었다. 고인돌에서 출토된 석판의 크기는 길이 32.5cm, 폭 23.5cm, 두께 4.1cm이다. 석판에는 크고 작은 구멍이 새겨져 있는데 지름 7mm의 구멍이 2개, 지름 5mm의 구멍이 14개, 지름 3.5mm의 구멍이 39개, 지름 2mm의 구멍이 5개로 총 65개였다.

구멍 파인 돌판을 분석한 결과 구멍들은 기원전 500년 무렵 실제 있었던 북두칠성과 작은곰자리, 카시오페이아 등 하늘의 별자리와 많은 유사성을 보였다. 아득이 고인돌에서 출토된 돌판에 새겨진 구멍들은 2천 5백여 년 전 청동기 시대의 별자리를 그린 세계 최고最古의 천문도였던 것이다.

이 고인돌은 현재 충청북도 청원군 문의면에 복원되어 있으며 출토 유물은 충북대학교 박물관에 소장되어 있다.

1922년 1월 9일

문예 동인지 『백조』창간

1922년 1월 9일 문예 동인지 『백조』가 창간되었다. 『백조』는 홍사용
· 박종화 · 나도향 · 박영희 등을 주축으로 하여 만들어졌다. 편집은 홍
사용이 맡았으며 제1호 발행인은 미국인 선교사 아펜젤러였다.

『백조』는 3 · 1 운동 이후 절망적인 시대 상황에서 만들어진 문예 잡
지로 퇴폐적이면서도 낭만주의 경향이 짙었다. 이상화의 「나의 침실로」,
박영희의 「꿈의 나라로」, 박종화의 「사의 예찬」, 홍사용의 「나는 왕이로
소이다」 등과 현진건의 「할머니의 죽음」, 박종화의 「목매는 여자」 등 한
국 근대 문학사에 기념비적인 작품이 많이 수록되었으나 1923년 9월 제
3호를 끝으로 종간되었다.

1953년 1월 9일

다대포 앞바다에서 여객선 창경호 침몰,
229명 익사

1953년 1월 9일 전라남도 여수항을 출발하여 부산항으로 가던 여객
선 창경호가 부산광역시 서남쪽 8km쯤 지점에 위치한 다대포 앞바다
에서 강풍을 만나 침몰하였다. 이 사고로 승선 인원 236명 중 선장과
선원 3명, 중학생 2명, 군인 1명만 살아남고 229명 모두 익사하였다.

—

1955년 1월 9일

국방대학 창설

—

국방대학은 국내 유일의 국가 안보 종합 대학으로 1927년 영국 국방
대학이 창설된 데에서 비롯되었다. 1955년 1월 9일 서울 종로구 관훈
동에 국방대학으로 창립되었고, 1961년 국방대학원으로 개칭되었다.
2000년 국방대학원과 국방참모대학을 해체하면서 국내 유일의 국가안
보종합대학인 국방대학교로 바꾸었다.

1월의
모든 역사

1월 10일

■
■
■

1894년 1월 10일

고부 군민이 관아를 점령하다

'낫네, 낫서, 난리가 낫서. 에이 참 잘 되얏지. 그양 이대로 지내서야 백성이 한 사람이나 어데 남어 잇겟나' 하며 기일이 오기만 기다리더라…….

이 글은 동학 농민 운동의 도화선이 된 고부 봉기를 계획하며 만든 결의문의 한 구절이다. 이 결의문은 주모자를 드러내지 않게 하기 위하여 가담자들이 원의 둘레에 각자 이름을 적어 돌린 형태이다. 사발을 엎어놓고 적은 듯하다 하여 '사발통문'이라고 한다. 사발통문에는 세상이 뒤바뀌기를 바라는 당시 민중의 심정과 행동 목표가 잘 담겨 있다.

1894년 1월 10일, 고부군수 조병갑의 학정에 견디지 못한 고부 지역 백성들은 전봉준을 중심으로 봉기하여 고부 관아를 습격 · 점령하였다. 고부 봉기가 일어날 당시 조선은 매관매직이 성행하였고 관리들의 부패가 극심하여 일반 민중들의 불만이 극에 달했다. 게다가 수년간 큰 가뭄이 들어 민중들은 더욱 술렁였다. 이러한 현상은 고부뿐만 아니라 전국적인 현상으로 어느 지역 할 것 없이 뇌관만 건드리면 민란이 폭발할 구조적 모순을 안고 있었다.

이러한 때 조병갑의 지나친 학정이 고부 군민들을 건드린 것이다. 당시 조병갑은 아버지의 비각을 세우고 첩의 집을 짓는다는 명목으로 과다한 세금과 부역을 징수하였으며 미곡을 사재기했다. 또한 위쪽에 민보가 있는데도 불구하고 농민들을 강제로 동원하여 하류에 새로운 보를 쌓게 하고 많은 수세를 강제 징수하였다. 이에 고부 군민들이 두 차례에 걸쳐 수세를 감면해 달라고 요청하였으나 시정되기는커녕 도리어 붙잡혀 곤욕을 치르게 되었다.

참다못한 고부 군민들은 어느 날, 고부군 서부면 죽산리 송두호의 집에 은밀히 모였다. 전봉준을 비롯한 30여 명의 군민들이 모여 사발통문을 작성하고 거사를 계획하기에 이른 것이다. 전봉준은 몰락한 양반의 자제로 아버지 전창혁은 일찍이 고부군수의 온갖 수탈에 상소를 올렸다가 옥중에서 매 맞아 죽은 일이 있었다. 이에 전봉준은 고부 백성들의 억울한 사정을 관아에 호소하는 일을 도와주었다. 그는 동학 교도로서 여러 집회에 참석하였으나 표면에 나타나기 시작한 것은 사발통문 집회 때부터였다.

사발통문의 결의 내용은 다음과 같다. 첫째, 고부성을 격파하고 군수 조병갑을 효수한다. 둘째, 군기창과 화약고를 점령한다. 셋째, 군수에게 아첨하여 군민을 괴롭히는 탐관오리를 징벌한다. 넷째, 전주 감영을 함락하고 서울로 곧바로 향한다.

이들은 격문을 만들어 각 마을의 이장 및 집강 앞으로 띄워 분위기를 고조시켰다. 하지만 때마침 조병갑의 임기가 차 익산 군수로 전임 발령이 나자 거사 계획은 일단 보류되었다. 그러나 조병갑은 고부 관아에 계속 머물러 있었으며, 다시 손을 써서 고부군수에 재임명되었다. 이에 군민들은 극도로 흥분하여 조병갑이 재임명된 다음 날인 1월 10일 행동을 개시하였다.

전봉준·김도삼·최경선·정익서 등은 백성들을 두 패로 나누고 거의 같은 시각에 고부의 북성 안으로 들어가 고부 관아를 점령하였다. 이때 참여한 민군은 15개 마을 1만여 명이나 되었다고 한다. 다음 날 전봉준 등은 군대를 점검하고 한 패를 마항 시장으로 보내 만석보를 허물게 하고 예동에 쌓아 놓은 부세로 거둔 쌀 4천 석을 농민들에게 나누어 주었다.

이틀 뒤 고부 민군은 부안과 김제·고부·태인 등지로 통하는 교통의 요지인 백산으로 진을 옮기고 관군에 대비하였다. 그동안 조정에서는 용안현감 박원명을 고부군수에 새로 임명하는 한편 장흥부사 이용태를 고부 안핵사에 임명하였다. 하지만 이용태는 농민군의 동정만 살필 뿐 직접 고부로 진군하지는 못하고 있었다. 한 달 정도의 소강상태가 지속되자 농민군 내부는 봉기의 확대를 놓고 갈등이 일기 시작하였다.

전봉준은 전운영을 격파하고 전운사 조필영을 응징하자고 했으나 경계를 넘어서면 반란이 된다는 이유로 농민군 내부에서는 응하지 않았다. 고부군수 박원명은 농민군의 사기가 충천한 것을 보고 섣부른 대항을 피하고 타협의 방책을 모색하였다. 그는 전봉준에게 글을 보내

고을의 시정을 의논하자고 하였으나 식량이 부족한 농민군은 줄포의 전운소 세고를 파괴하는 것으로 화답하였다. 이에 더 이상 시간을 지체할 수 없게 된 박원명은 음식상을 크게 차려 민군을 불러 모으고 타일렀다.

"여러분, 조용히 고향으로 돌아가 생업에 임하십시오. 그러면 그동안의 죄를 용서하고 잘못된 민정도 바로잡겠습니다."

박원명의 회유 작전에 민군들은 흩어지기 시작하여 3월 13일 완전히 해산하였다. 그러자 이용태는 이 틈을 타 역졸 800여 명을 거느리고 고부로 난입하여 봉기에 참여한 사람을 잡아들이고 처자식까지 잡아 죽이는 등 온갖 횡포를 저질렀다. 이에 전봉준 등의 지도부는 무장의 손화중포로 피신하였고 두 달여 동안의 봉기는 막을 내렸다.

그러나 혁명 정신과 의지는 새로운 투쟁의 불씨를 당겼으니 전봉준은 마침내 무장에서 손화중 · 김개남과 손을 잡는 데 성공하였다. 이들은 무장에서 4천 명의 농민군을 모아 선전 포고를 한 후 고부와 태인을 차례로 치기 시작했다. 이로써 본격적인 동학 농민 운동의 들불이 타오르기 시작한 것이다.

1135년 1월 10일

정지상, 김부식에게 피살

1135년 1월 10일 묘청의 난에 동조했던 서경파 정지상이 김부식에 의해 피살되었다. 국내외적으로 불안한 정세를 틈타 서경 천도를 주장했던 묘청은 백수 · 정지상 · 김안 등 서경 출신의 지지를 받았으나 개경파의 강한 반대에 부딪혔다. 이에 묘청이 서경에서 반란을 일으켜 인조는 김부식을 원수로 임명하여 반란군을 토벌하도록 하였다. 김부식은 출병에 앞서 개경에 머물고 있던 정지상·김안·백수한 등을 반란군과의 내통을 차단한다는 명분으로 처단하였다. 정지상은 김부식과 최충의 사학에서 동문수학한 사이였는데 김부식이 정지상을 먼저 죽이자 한쪽에서는 정지상의 뛰어난 재주와 문장을 시기하여 반란을 핑계로 죽였다고 하였다.

정지상은 1114년 과거에 급제하였고 뛰어난 재주로 인조의 총애를 받았다. 재주 못지않게 성품이 꼿꼿하여 무신 척준경이 횡포를 부리자 상소를 올려 탄핵하였다. 그는 뛰어난 시인으로서 문학사에도 크게 이름을 남겼다. 5세 때 대동강에 노니는 해오라기를 보고 '어느 누가 흰 붓을 잡아 강 위에 乙자를 썼는고'라는 시를 지어 신동으로 이름이 자자하였다. 정지상은 뛰어난 시재로 고려 12시인 중 하나로 꼽히기도 하였으며 학문이 깊고 그림과 글씨에 뛰어났다고 한다.

1962년 1월 10일

문화재 보호법 제정

1962년 1월 10일 법률 제961호로 '문화재 보호법'이 제정·공포되었다. 문화재 보호법은 우리 민족의 문화유산 전반을 보호 관리하는 최초의 기본법이다. 일제 강점기에 제정된 이후 우리 문화유산 관리의 근거법이 되었던 '조선보물고적명승천연기념물보존령'은 문화재 보호법이 제정됨에 따라 폐지되었다.

문화재 보호법은 문화재 지정 종별에 관하여 국보 · 보물 · 사적 · 명
승 · 천연기념물 · 중요 무형 문화재 · 중요 민속자료로 정하고 있다.

1월의
모든 역사

1월 11일

■
.
■

1881년 1월 11일

신사 유람단, 일본의 신문물을 시찰하다

1881년 9월 1일 고종과 신사 유람단의 일원으로 3개월간 일본을
시찰하고 돌아온 홍영식은 다음과 같은 문답을 나눈다.

고　종: 일본의 제도가 장대하고 정치가 부강하다고 하는데 살펴
　　　　보니 어떠하냐?
홍영식: 일본의 제도가 장대하지만 이는 모이고 쌓여서 이루어진
　　　　것입니다. 재력은 많은 사업을 추진하므로 항상 부족함을
　　　　우려합니다. 군정은 강하다고 할 수 있는데, 모두 밤낮을
　　　　가리지 않고 마음과 힘을 하나로 모으기 때문입니다.

『승정원일기』 1881년 9월 1일

1876년 강화도 조약이 체결되자 조선은 김기수와 김홍집을 연달아 일본에 수신사로 파견하였다. 이때 김홍집은 황준헌의 『조선책략』을 갖고 돌아와 국내에 소개하였다. 이 책에는 서양의 문물을 수용하여 부국강병을 이루고 청나라 · 일본 · 미국 등과 우호를 맺어 러시아의 남하를 막아야 한다는 권고가 담겨 있었다. 이것은 유생들의 거센 반발을 불러 일으켰지만 조선이 개화 정책을 추진하는 데 큰 자극을 주었다.

조선은 강화도 조약으로 일본에 문호를 개방한 이후 그들의 개혁에 주목하였다. 그러나 수신사로 파견된 김기수 일행은 새로운 문화를 제대로 읽지 못했다. 때로는 일본 측이 시찰을 주선해 주어도 '우리들은 아는 게 없어 봐도 아무 소용이 없다'며 회피할 정도였다. 이에 고종은 1881년 1월 11일 조사와 수원 · 통사 · 하인 등 62명의 전문가로 구성된 신사 유람단을 일본에 파견하였다.

파견 당시에는 이들의 공식 명칭은 없었다. 이들이 '신사 유람단'으로 불린 것은 1930년 1월 12일자 동아일보에 윤치호가 '12 신사 유람단'이라는 제목으로 회고담을 쓰고부터였다. 그러나 기록을 살펴보면 박정양 등 12명을 '신사'로 부른 것은 일본 측이며 조선은 이들을 일관되게 '조사'로 지칭하였다. 게다가 지금에 와서는 유람이라는 말도 '문물을 살핀다'는 애초의 뜻과도 벗어나 있다. 즉 신사 유람단으로 부르면 자칫 관광단쯤으로 오해받을 수 있고 이것은 시찰단의 역사적 의의를 훼손할 수 있다. 따라서 이 '신사 유람단'의 이름은 '조사 시찰단'으로 불러야 한다는 주장이 더 설득력 있다.

유람단의 일원으로 발탁된 조사들은 처음에 모두 동래 암행어사로 임명되었다. 이들은 본인들조차 자신들의 궁극적인 임무를 알지 못한 채 개별적으로 동래부로 떠났다. 그러나 틈틈이 민정을 살피는 어사의 고유 업무를 수행하며 내려갔다. 고종이 이들을 암행어사로 임명한 것은 비밀을 보장하고 행로의 편의를 제공하기 위해서였다. 왜냐하면 당시 전국 곳곳에서 개화 정책을 비판하는 유생들의 운동이 거셌기 때문이다. 이들이 출발지인 동래부에 집결한 것은 3월 25일이었다.

유람단은 대개 전문 위원에 해당하는 조사 12명과 각 조사 아래 수행원인 수원 2명, 통역관인 통사 1명, 하인 1명으로 구성되었다. 이들은 한 개의 반으로 편성되어 각 반마다 시찰하는 분야가 따로 주어졌다. 4월 10일에 출항한 유람단은 이튿날 쓰시마 섬에 도착하여 그곳 관원의 환대를 받았다. 다시 나가사키, 오사카, 고베, 요코하마 등지의 산업 시설을 둘러보며 28일 드디어 도쿄에 도착하였다. 유람단은 공식 사절이 아닌 사행임을 내세워 관아에 들기를 거절하고 민가에서의 숙식을 고집했다. 일본은 이들의 방문을 대대적으로 환영하였는데 조선 주재 일본공사 하나부사는 일시 귀국하여 안내할 정도였다.

일본은 신사 유람단이 누차 공식 사절이 아님을 밝혔지만 세관, 산업 시설, 군사 시설, 각종 기술 등에 대해 무제한적인 관람과 조사를 허용하였다. 유람단의 조사들은 담당 분야의 관련자뿐만 아니라 이토 히로부미 등 일본 내의 유력한 인사들과도 많이 접촉하였으며 수원들은 보다 구체적인 활동을 벌였다. 특히 송헌빈은 일본의 군제를 자세히 분석하고 신식 화기의 성능에 대해서도 견학했다. 그는 군사·산업·농업·의료 등 실용성이 있다고 판단되면 무엇이든 조사하는 열성을 보였다.

유람단은 시찰을 마치고 다시 동래 암행어사의 자격으로 민정을 살피며 서울로 돌아왔다. 그들은 귀국 즉시 각 분야에 걸쳐 상세한 '문견사건'과 '시찰기' 즉 보고서를 작성하여 고종에게 제출하였다. 이들 기록은

100여 책에 달하는데 정부의 개화 정책에 많은 참고 자료가 되었다.

한편 유람단의 수원으로 참가한 일부는 그대로 일본에 남아 유학하였다. 유길준과 윤치호 등이 그들인데 모두 어윤중의 수원이었던 이들은 1890년대 개화 사상가로 크게 활약하였다. 신사 유람단의 파견은 당시 위정척사 운동으로 여론이 불리한 상태에서도 고종의 개화 의지가 강렬했음을 잘 보여 준다.

신사 유람단의 편성

조사	수원	조사	수원	조사	수원
박정양	왕제응 · 이상재	엄세영	엄석주 · 최성대	민종묵	민재후 · 박회식
홍영식	고영희 · 성낙기외 2인	강문형	강진형 · 변택호	조병직	안종수 · 유기환
어윤중	유길준 · 윤치호외 3인	심상학	유진태 · 이종빈	이원회	송헌빈 · 심의영
조준영	이봉식 · 서상직	이헌영	이필영 · 민건호	김용원	손붕구

1994년 1월 11일

한국 탐험대, 남극점 정복

1994년 1월 11일 오전 6시 30분경 한국 남극점 탐험대가 남위 90도 남극점 정복에 성공했다. 허영호를 대장으로 한 이 탐험대는 1993년 11월 29일 오전 2시쯤 패트리어트 힐을 출발하여 대장정에 돌입하였다. 그들은 1,400km 정도를 걸어서 출발한 지 44일 만에 남극점 정복에 성공했으며, 이는 한국 탐험대의 도전 정신과 개척 정신이 이루어 낸 쾌거였다.

1908년 1월 11일

소설가 김유정 출생

1908년 1월 11일 춘천 실레 마을에서 소설가 김유정이 태어났다. 집안은 유복한 농가였지만 8세와 10세에 부모가 모두 사망하는 불운을 당하였다. 그는 연희전문학교와 보성전문학교를 중퇴하고 1931년에 고향으로 내려가 야학당을 열어 '금병의숙'으로 키우는 한편 작품 활동에 몰두하였다.

1935년 조선일보 신춘문예에 「소낙비」가 중외일보에는 「노다지」가 각각 당선되어 정식으로 등단하였다. 폐결핵과 싸우며 남다른 문학적 정열로 창작 활동에 몰두하다가 1937년 29세의 젊은 나이로 생을 마감했다. 「소낙비」 「동백꽃」 등 대부분의 작품이 농촌 생활의 체험을 바탕으로 하였고 토속적이며 질펀한 어휘로 농촌 서민을 삶을 실감나게 그렸다.

대표작으로는 머슴인 데릴 사위와 장인 사이의 갈등을 희극적으로 그린 「봄봄」을 비롯하여 「금 따는 콩밭」 「만무방」 「따라지」 등이 있다.

1965년 1월 11일

문학가 전혜린 사망

1965년 1월 11일 번역 문학가 전혜린이 31세의 나이에 자살로 생을 마감하였다. 수필집 『그리고 아무 말도 하지 않았다』로 잘 알려진 그녀는 서울대학교 법학과 재학 중 독일에 유학하여 뮌헨 대학 독문학과를 졸업하였다. 1959년 5월 귀국하여 서울대학교, 이화여자대학교 강사를 거쳐 1964년에는 성균관대학교 조교수가 되었다. 독일 유학 시절부터 번역 소개한 사강의『어떤 미소』, 루이제 린저의『생의 한가운데』등 10여 편의 작품은 아직까지도 독자들의 사랑을 받고 있다.

　몇 권의 번역서와 수필집만 남긴 채 요절한 전혜린은 '한국을 대표하는 감성적 문체의 여류 문인'으로 불렸다. 전통적인 한국의 여성상을 벗어나 정신적 자유를 갈망하던 모습은 당대의 새로운 여성상으로 평가받았다. 또한 천재라 불릴 만큼 뛰어난 언어 감각과 풍부한 감수성이 돋보이는 그녀의 글은 특히 사춘기와 20대 젊은이들에게 큰 인기를 끌었다.

1957년 1월 11일

관훈클럽 결성

　1957년 1월 11일 서울 종로구 관훈동에서 관훈클럽이 결성되었다. 관훈클럽은 현존하는 가장 오래 된 언론 단체로 주요 활동은『관훈저널』의 발간 및 관훈 토론회 개최, 관훈 언론상 시상 등이다. 1996년에는 한국 언론의 과거와 현재를 진단하고 언론의 발전 방향을 제시하기 위하여 '한국 언론 2000년 위원회'를 발족하였다.

호남선 철도 개통

1914년 1월 11일 경부선의 대전과 전라남도 목포를 잇는 총 길이 252.5km의 호남 철도선 전 구간이 개통되었다. 호남선은 농산물의 수송 및 연변 일대의 개발을 목적으로 부설한 것으로 논산 · 호남 · 나주평야를 연결하여 목포항에 이르며 2003년 12월 8일 완전 복선화되었다.

1월의
모든 역사

1월 12일

■
■
■

1948년 1월 12일

유엔한국임시위원단 업무 개시

유엔 총회 제1위원회의 결의에 따라, 인구 비례에 의한 남북한 총선거를 통한 통일정부를 세우기 위해 입국한 유엔한국임시위원단이 1948년 1월 12일 업무를 개시하였다.

유엔한국임시위원단은 애초 호주 · 캐나다 · 중화민국 · 엘살바도르 · 프랑스 · 인도 · 필리핀 · 시리아 · 우크라이나의 대표로 구성되었으나 우크라이나는 불참하여 8개국 대표가 활동을 시작하였다.

그러나 남북한 총선거를 통한 통일정부 수립이라는 위원단의 임무는 곧 난관에 부딪히게 되었다. 애초부터 소련과 합의 없는 남북한 통일정부 수립은 무리였던 것이다. 위원단은 남북 지역 사령관에게 방문을 통보하였으나 소련군은 유엔은 한국 문제에 권한을 가지고 있지 않으며, 위원단의 구성원이 미국 정책을 지지하는 데 이용될 수 있음을 들어 거부하였다.

1월 26일 위원단은 이승만과 김구를 만났으나 이승만은 남한 단독선거를 강조하였고, 김구는 미소 양군 철군 후에 남북 정치 요인의 협상을 통한 '전국적인 총선거'를 주장하였다. 상황이 복잡해지자 위원들의 의견도 갈라지게 되었다. 중화민국 · 필리핀 · 엘살바도르 대표는 가능한 지역에서만이라도 선거를 실시하자고 주장하였고, 호주 · 캐나다 · 인도 · 시리아 대표는 현재의 적대 관계가 심화되고 나아가 영구 분단을 초래할 가능성이 있다며 이를 반대하였다.

결국 1948년 2월 위원단은 결정을 유엔 총회 소총회에 넘겼다. 소총회는 미국이 제출한 '유엔한국임시위원단의 접근이 가능한 지역에서만 총선을 실시하는 안'을 31대 2로 가결하였다. 유엔의 이러한 결정은 한반도에서의 분단을 고착화시키는 결과를 가져왔다.

1923년 1월 12일

김상옥, 종로 경찰서에 폭탄 투척

1923년 1월 12일 저녁 8시경 종로 경찰서에 폭발음이 진동하였다. 의열 단원 김상옥이 상하이에서 폭탄과 권총 등을 가지고 서울에 들어와 민족 탄압의 상징인 종로 경찰서에 폭탄을 투척하여 일본 경찰을 응징한 것이다. 이 거사로 현장은 아수라장이 되고 지나가던 행인 6~7명이 부상당하였다.

* 1923년 1월 22일 "김상옥 열사 자결" 참조

1904년 1월 12일

화가 이응로 출생

재불 화가 고암 이응노는 1904년 1월 12일 충청남도 홍성에서 태어났다. 그는 해강 김규진 문하에서 문인화를 습득했으며 1935년 일본으로 건너가 근대적인 미술 교육을 받았다. 1957년에는 뉴욕 월드 하우스 갤러리 주최의 '현대 한국 미술전'에 출품하였고 1958년에는 프랑스 평론

가 쟈크 라센의 초청을 받아 프랑스로 건너가 작품 활동을 하였다.

1967년 7월 8일에는 이른바 '동백림 간첩단 사건'으로 부인과 함께 기소되어 2년 반 동안 수감 생활을 하였다. 그러다가 1969년 3월 7일 형 집행 정지로 풀려나 파리로 가서 활발한 작품 활동을 하다 1989년 사망하였다. 이후 1990년 서울의 한 화랑에서는 '고암 옥중작전'이 열리기도 하였다.

1월의
모든 역사

1월 13일

771년 1월 13일

신라 성덕대왕신종을 완성하다

무릇 지극한 도는 형상의 바깥도 포함하나니 눈으로 보면서도 그 근원을 능히 알지 못하며, 진리의 소리가 천지에 진동하여 이를 듣고자 하나 그 울림을 능히 듣지 못한다. 그런지라 부처는 적절히 비유하여 진리를 알게 하듯이 신종을 내걸어서 진리의 원만한 소리를 깨닫게 한다.

엎드려 생각건대 성덕대왕은 덕이 산하처럼 높고 명성은 해와 달처럼 높이 걸렸으며 충직한 사람과 어진 사람을 등용하여 풍속을 어루만지고 예절과 음악을 받들어 풍속을 관찰하셨다.

『성덕대왕신종명』

경주를 제대로 말하려면 세 가지를 잘 음미할 줄 알아야 하는데 그중의 하나가 성덕대왕신종이다. 이른바 에밀레종으로 더 잘 알려진 성덕대왕신종은 현재 전하고 있는 우리나라 종들 중에서 가장 규모가 크다. 무엇보다도 다른 종은 감히 흉내 낼 수 없는 아름다운 소리로 더욱 유명하다. 과학이 고도로 발달한 현대의 기술로도 재현하지 못하는 아름다운 소리라고 한다.

성덕대왕신종은 현재 경주 박물관 앞뜰에 전시되어 있다. 여느 종처럼 전체적인 틀은 종이컵을 엎어 놓고 배흘림을 한 모양새다. 끝마무리는 안으로 살짝 오므려 처리하였는데 이는 우리 종만이 갖는 특색이다. 종의 꼭대기에는 음통이 달려 있는데 이곳은 잡음이 빠져나가고 소리가 길게 울릴 수 있도록 한다. 종의 몸체는 서로 마주 바라보는 비천상 4개를 돋을새김으로 조각하였다. 또 둥그런 연꽃무늬 당좌가 양쪽에 새겨져 있는데 반드시 여기를 쳐야 제대로 된 종소리가 난다.

종에 새겨진 기록에 의하면 경덕왕은 부친인 성덕왕의 공적을 기리기 위해 구리 12만 근을 들여 이 종을 만들고자 하였으나 뜻을 이루지 못했다. 그리하여 그 아들 혜공왕이 경덕왕의 유지를 받들어 작업을 계속 진행해 771년 1월 13일 비로소 종을 완성하였다.

완성된 종은 처음 봉덕사에 내걸렸다. 그런데 어느 때인가 봉덕사가 북천의 홍수로 매몰되자 신종만이 황량한 절터에서 굴러다녔다고 한다. 김시습은 당시의 상황을 '종이 풀숲에 내버려져 아이들이 돌로 두들기고 소가 뿔을 갈았다'고 읊어 누구하나 종을 돌보는 사람이 없었음을 잘 알 수 있다.

세조 대에 이르러 김담이 방치된 신종을 드디어 영묘사로 옮겼다. 그 후 중종 대에는 부윤 예춘년이 남문 밖 봉황대 아래 종루를 세우고 다시

신종을 옮겨 달았다. 신종은 그곳에서 경주 박물관으로 이사하기 전까
지 480년간 자리를 지켰다. 이 기간 동안 성문을 열고 닫는 시간과 군사
의 징집을 알리는 일은 신종의 임무였다. 성덕대왕신종의 종소리가 너
무도 신비롭고 아름다운 탓인지 여기에는 제법 애절한 전설이 깃들어
있다.

'온갖 정성을 다해 쇳물을 부어도 종은 그때마다 금이 가고 소리도
나지 않았다. 어느 날 봉덕사의 스님이 종을 만드는 데 필요한 시주를
받으러 다니다가 가난한 민가 한 곳에 들렀다. 그러나 젊은 아낙네가
"저희는 시주할 것이라곤 이 아기밖에 없습니다."라고 하므로 그냥 돌
아왔다.

그날 밤 스님이 꿈을 꾸었는데 백발노인이 나타나 "아기가 종에 들
어가면 좋은 소리가 날 것이다."라고 하는 것이었다. 스님은 부리나케
다시 그 집을 찾아가 부처님의 뜻이라며 아기를 시주하라고 요구하였
다. 처음에는 길길이 날뛰던 아낙도 스님의 끈질긴 설득에 결국 울면서
아이를 내놓았다.

스님은 펄펄 끓는 가마솥 쇳물에 아기를 던졌다. 그러자 신기하게도
종은 금도 가지 않은 채 깔끔하게 완성되었고 소리도 무척이나 아름다
웠다. 그런데 그 여운이 마치 '에밀레 에밀레' 하는 게 아닌가. '에밀레'
는 '에미 탓으로'라는 뜻이다. 어미의 경솔함을 원망하는 아기의 하소
연인 것이다. 이후 이 종은 '에밀레종'이라는 별칭을 얻게 되었다.'

성덕대왕신종은 그 예술성과 더불어 종 표면에 새겨진 명문으로 더
욱 주목을 받는다. 신종의 글씨는 종에 글씨를 새기는 효시가 되었고

문장도 아주 우수하여 주목받고 있다. 여기에는 종을 만드는 사업에 참가한 사람들의 관직도 나타나 당시 성전 사원의 운영 실태를 파악할 수가 있다. 그들 가운데 김양상은 혜공왕을 이어 선덕왕이 된 인물이다.

이 명문은 마멸된 부분이 많아 판독할 수 없는 글자도 적지 않지만 당시의 정치사를 이해하는 데 중요한 사료적 가치를 지니고 있다. 특히 고대사의 경우는 문헌 사료가 절대적으로 부족한 까닭에 금석문이 지니는 의미는 한층 각별하다.

—

1011년 1월 13일

고려 현종, 나주로 피난

—

거란의 성종은 40만 대군을 이끌고 고려를 침입하였다. 강조가 김치양 일당을 제거한 뒤 목종을 폐하고 현종을 옹립한 것을 빌미로 다시 고려를 침공한 것이다. 그러나 직접적인 이유는 993년의 1차 침입 후 고려와 화친할 때 강동 6주의 지배를 인정했기 때문이었다. 거란은 뒤늦게 실수를 깨닫고 반환을 요구하였으나 고려가 응하지 않자 다시 군대를 동원하였다.

거란군이 개경까지 밀려오자 현종은 1011년 1월 13일 어쩔 수 없이 나주로 피난길을 떠났다. 개경을 점령한 지 11일 만에 거란군은 현종의 십조를 조건으로 물러갔다.

1627년 1월 13일

후금, 조선 침입으로 정묘호란 발발

인조 5년인 1627년 1월 13일 후금(1636년 '청'으로 이름을 고쳤다)의 아민 장군이 이끄는 3만 명의 군사가 압록강을 건너 의주를 공략하고 이어 청천강을 넘었다.

1616년 누루하치의 지도 아래 후금을 건국한 여진족은 자주 명나라와 충돌을 일으켰으나 광해군의 적절한 외교 정책으로 조선과는 별 마찰 없이 지내고 있었다.

1621년 명나라의 장수 모문룡이 후금과의 전투에서 패하여 쫓겨 와조선 땅 가도에 주둔하며 후금을 괴롭히고 있었는데, 조선은 후금을 견제할 목적으로 이들을 은밀히 지원하고 있었다. 당시 조선에서는 광해군을 폐위시키고 인조를 옹립하는 인조반정(1623)이 일어나 서인들이 득세하게 되었다. 그들은 광해군의 중립적인 관망 태도와 다르게 향명배금向明排金 정책을 확실히 하였다.

이러한 일련의 사태를 후금이 예의 주시하고 있었는데, 인조반정 공신 포상에 불만을 품은 이괄이 난을 일으켰다가 토벌되는 사건이 발생하였다. 이들 잔당들은 후금으로 도망하여 광해군 폐위와 인조반정의 부당성을 들어 후금을 부추겨 정묘호란을 일으킨 것이다.

후금군은 '전왕 광해군을 위하여 원수를 갚는다'는 명분을 걸고 침입하여 안주·평산·평양을 점령하고 황주를 장악하였다. 조선에서는 장만을 도원수로 삼아 싸웠으나 패하여 개성까지 후퇴하였고 인조 이하조신들은 강화도로 피하고 소현 세자는 전주로 피난하였다.

황주에 이른 후금군은 2월 9일 부장 유해를 강화도에 보내 화의를
교섭하게 하였다. 이에 양측은 화약한 후에 후금군은 즉시 철병할 것,
후금군은 철병 후 다시 압록강을 넘지 말 것, 양국은 형제국으로 정할
것, 조선은 후금과 화약을 맺되 명나라와 적대하지 않을 것 등을 조건
으로 정묘조약을 맺었다. 이에 따라 조선 측은 왕자 대신 종실인 원창
군을 인질로 보냈고 후금군도 철수하였다.

1906년 1월 13일

『런던 타임스』 을사조약 부당 체결 보도

일본의 우월권을 승인한 포츠머스 조약이 체결됨에 따라 일본은 대
한제국의 외교권 박탈을 내용으로 하는 신협약안을 외부대신 박제순에
게 전달하고 대신들을 협박하여 협약안에 서명할 것을 강요하였다. 그
러나 5시간 동안 어전 회의를 계속했지만 결론은 나지 않았다. 이에 이
토와 하야시 두 사람은 일본 헌병 수십 명의 옹위 아래 회의장으로 들
어가 가부의 결정을 강요하였다.

이때 고종은 정부에서 협상 조처하라고 책임을 회피했고 한규설만
무조건 불가하다고 하였다. 그러나 이근택 · 이지용 · 박제순 · 권중현
등 을사오적들은 모든 책임을 고종 황제에게 전가하면서 찬성을 표하
였다. 이토는 강제 통과된 협약안에 황제가 칙재하도록 강요한 뒤 바로
그날 날짜로 대한제국의 외교권 접수, 일본 통감부의 설치 등을 중요
내용으로 하는 조약을 체결하였다. 1905년 11월 17일의 일이었다.

고종은 이 조약이 불법 체결된 지 5일 만인 1905년 11월 22일 미국

에 체재 중인 황실 고문 헐버트에게 글을 보내 을사조약이 부당하게 체결되었음을 세계만방에 알리도록 하였다. 고종은 이 글에서 "총칼의 위협과 강요 아래 최근 양국 사이에 체결된 이른바 보호 조약이 무효임을 선언한다. 짐은 이에 동의한 적도 없고 금후에도 결코 아니할 것이다. 이 뜻을 미국 정부에 전달하기 바란다."라고 주장하였다.

이 사실이 알려지자 1906년 1월 13일 『런던 타임스』는 대한제국 정부가 이토의 협박과 강압으로 을사조약을 체결했다는 내용을 상세히 보도하였다. 프랑스 파리법과대학의 교수인 레이도 특별 기고로서 프랑스 잡지 『국제공법』 1906년 2월호에 이 조약의 무효를 주장하였다. 그는 을사조약이 협상 대표에 대한 고종의 위임장과 조약 체결에 대한 비준서 등 국제 조약에 필요한 형식적인 요건을 갖추고 있지 않다고 지적했다. 또한 한글과 일본글로 된 조약문의 첫머리도 그대로 비어 있어 국제 조약으로 인정하기 어렵다고 하였다. 그럼에도 불구하고 일본은 법적 유효성을 주장하며 정치적 · 경제적 수탈을 자행하고 식민지 교육을 실시하였다.

1962년 1월 13일

제1차 경제 개발 5개년 계획 발표

1962년 1월 13일 국가 경제 발전을 위한 기본 계획인 제1차 경제 개발 5개년 계획이 발표되었다. 1961년 국가 재건 최고회의는 경제를 발전시킬 수 있는 구체적인 계획에 착수하였다. 경제 개발 계획은 주로 제2공화국에서 마련되었던 것을 토대로 작성되었다. 그러나 이 계획은 기

초 자료가 별로 없는 상태에서 체계적인 계획 모형도 없이 총량적 예측치를 사용하여 수립되었다. 따라서 제1차 경제 개발 5개년 계획은 객관적 근거의 빈약, 체계적 연계성이 결여된 자원 계획 또는 포괄 계획의 성격으로 인하여 계획과 경제 현실 간의 괴리가 문제로 지적됐다.

제1차 경제 개발 5개년 계획의 목표는 사회적 · 경제적 악순환을 시정하고 자립 경제의 달성을 위한 기반을 구축하는 것이었다. 부문별 추진 방향은 농업 생산력의 증대, 전력 · 석탄 등의 에너지원 확보, 기간 산업의 확충과 사회 간접 자본의 충족, 유휴 자원의 활용(특히 고용 증대와 국토의 보존 및 개발), 수출 증대를 주축으로 하는 국제 수지 개선, 기술의 진흥 등이었다.

제1차 경제 개발 5개년 계획은 우리나라 경제 현실과 괴리는 있었지만 경제를 발전시키는 데 크게 기여하였다. 이 계획이 추진됨에 따라 연평균 성장률 7.8%로 목표인 7.1%를 초과 달성하였다. 수출은 2억 5,580만 달러로 공산품 수출 비중이 현저히 증가하였으며, 수입은 6억 8천만 달러를 기록했다.

그리하여 제1차 경제 개발 5개년 계획이 끝난 1966년 국민 총생산은 37억 달러, 1인당 국민 총생산은 125달러로 증가하였다. 제1차 경제 개발 계획의 성공으로 이후 국가 경제 발전 계획은 6차까지 이어져 우리나라 경제를 발전시키는 중요한 역할을 담당하였다. 그러나 제1차 계획은 소득이 한쪽으로 편중되어 빈부의 격차가 점점 더 벌어지는 결과를 초래했다.

1958년 1월 13일

진보당 간부 구속

1958년 1월 13일 조봉암을 비롯한 진보당 간부들이 국가보안법 위반 혐의로 일제히 검거되었다. 북한의 간첩과 접선하고 북한 공산 집단의 통일 방안을 주장하였다는 혐의였다. 검찰은 2월 16일 진보당 간부들을 기소하고, 2월 20일에는 육군 특무부대가 양이섭 사건을 발표하여 조봉암에게 간첩 혐의를 추가하였다.

대법원은 1959년 2월 27일 진보당 간부들에게는 무죄를 선고하였으나 조봉암은 대법원 자판自判에 의해 사형을 확정하였다. 재심이 청구되었으나 기각되고 7월 31일 사형이 집행되었다. 당시에 장기 집권을 노리는 자유당 정권이 3대 대통령 선거에서 조봉암이 얻은 득표 결과에 불안을 느낀 나머지 사건을 조작하였다는 여론이 우세하였다.

1879년 1월 13일

독립운동가 신규식 출생

항일 독립운동가 신규식은 1879년 1월 13일 충북 청주에서 태어났다. 그는 육군 무관 학교를 졸업하고 육군 부위로 무관의 길을 걸었다. 1905년 을사조약이 발표되자 분노한 나머지 음독자살을 기도했다가 오른쪽 눈을 실명했다. 1911년에는 중국 상하이로 망명하여 쑨원이 이끄는 신해혁명에 가담하고 민권보 발행에 협력하였다. 1919년 11월 대한민국 임시정부의 법무 총장에 취임하고 1920년에는 국무총리 대리 겸 외무총장이 되었다.

1921년 11월 중화민국 정부의 대총통 쑨원을 만나 임시정부의 승인을 받는 등 조국의 독립을 위해 힘썼다. 이듬해 병상에서 독립운동을 하는 한국인들이 단합되지 않음에 통탄하며 25일간 절식을 하다가 이국땅에서 눈을 감았다. 1922년 43세의 짧은 생을 마감하고 상하이 훙차오로 만국공묘에 안장되었으며 1962년 건국훈장 대통령장이 추서되었다.

1981년 1월 13일

소설가 월탄 박종화 사망

초기에는 낭만주의 시인으로 이후 일제 강점기에는 시대적 좌절과 절망을 역사 소설을 통하여 극복하고자 했던 월탄 박종화가 1981년 1월 13일 사망하였다. 박종화는 원래 1921년 동인지『장미촌』에「오뇌의 청춘」「우유빛 거리」등을 발표하여 시인으로 등단하였다. 1922년 1월에는 홍사용 · 이상화 · 나도향 · 박영희 등과 함께『백조』를 창간하고 활동하였다.

단편 · 평론 · 수필 등 다방면으로 활동하였던 박종화는「흑방비곡」「사의 예찬」등의 시를 발표하면서 낭만주의 작가로 인정받았다. 1924년부터는『순대국』『여명』을 잇따라 발표하면서 소설가로 전신하였으며 이후『금삼의 피』등 민족을 주제로 하는 역사 소설을 발표하여 역사 소설가로 입지를 굳혔다.

광복 후 우익 진영의 문학 지도자로 한국문학가협회 초대회장, 서울신문사 사장, 예술원 회장 등을 역임하였다. 1964년에는 『월탄 삼국지』를 한국일보에 연재하기 시작하여 총 1,603회에 걸쳐 집필하였다. 1969년에는 장편 『세종 대왕』을 집필하기 시작하여 장장 8년 동안 조선일보에 연재하여 2,456회의 최장 기록을 남겼다.

그는 60년 동안 왕성한 창작 활동을 벌여 시집 3권, 장편 소설 18편, 단편 12편, 수필 · 평론집 3권과 회고록 등 많은 작품을 남겼다.

—

1964년 1월 13일

초대 대법원장 김병로 사망

—

우리나라 초대 대법원장을 지낸 김병로가 1964년 1월 13일 사망하였다. 김병로는 경성법학전문학교 조교수와 보성전문학교 강사를 역임하였고 1919년 변호사를 개업하였다. 이후 광주 학생 항일 운동, 6 · 10 만세 운동, 원산 파업 사건 등의 무료 변론을 맡았다. 자유 법조단의 대표, 민정당 대표 최고 위원 등을 지냈으며 1963년 건국훈장 독립장을 받았다.

1월의
모든 역사

1월 14일

■
■
■

877년 1월 14일

태조 왕건이 태어나다

고려 태조 왕건(877~943)은 명실공히 민족의 통일이라는 대업을 완성하였다. 통일의 과정 속에서 싸움도 많았지만 결국 신라와 후백제는 스스로 왕건에게 귀속하였다. 신라의 경순왕은 스스로 천 년 사직을 가지고 신료들과 함께 고려에 귀순하였으며, 후백제의 견훤과 그의 아들 신검도 왕건의 수하로 걸어 들어갔다.

왕건이 궁예나 견훤을 제치고 후삼국을 통일할 수 있었던 남다른 힘은 무엇일까? 그것은 왕건이 겸허하고 인자했으며 뛰어난 정치적·군사적 식견과 탁월한 경륜을 가진 시대의 영웅이었기 때문이다.

고려의 태조 왕건은 877년 1월 14일 송악(개성의 옛 이름)에서 태어났
다. 왕건의 탄생 배경에는 풍수지리설의 대가로 알려진 도선대사와의
유명한 설화가 전해 내려온다.

왕건의 부친인 용건은 결혼한 뒤 송악의 남쪽 산 아래에 살았다. 어느
날 이들의 보금자리에 스님 한 분이 찾아와 잠시 쉬어 가기를 청하였
다. 용건의 부인 한 씨는 스님의 행색이 초라했지만 눈빛이 예사롭지
않다고 생각하여 툇마루에 앉기를 권한 다음 공손히 물 한 잔을 떠다
드렸다. 집 구석구석을 살피며 천천히 물을 마신 스님은 이윽고 자리를
털고 일어나 밖으로 나왔다. 스님은 합장한 다음 가던 길 쪽으로 걸음
을 재촉하면서 혼잣말로 중얼거렸다.
"허허, 이 땅에 장차 성인이 나겠구나!"
스님의 말을 들은 용건은 놀라서 부리나케 도선을 뒤쫓아 갔다. 도선은
천천히 걸어서 송악산으로 올라갔다. 산꼭대기에 오른 도선은 이리저
리 산세를 살펴보고는 용건을 향해 말했다.
"내년에는 반드시 귀한 아들을 얻을 것이니 이름을 왕건이라 하시오."
도선의 예언대로 한 씨 부인은 임신을 하였고 아들을 낳았다. 왕건이
태어나던 날 찬란한 광채가 산실을 비치고 하루 종일 붉은 기운이 들에
가득하여 그 모양이 마치 교룡과 같았다고 한다. 왕건이 열일곱 살이
되자 도선은 송악에서 왕건을 만났다.
"너는 세상을 구제할 운명을 타고 났으니 세상이 너의 도움을 기다리고
있음을 명심하라."
그리고는 군법과 지리, 천문 등의 이치를 전해 주었다. 왕건은 도선의
예언대로 918년 마침내 궁예를 쫓아내고 왕위에 올랐으며 936년에 삼

한을 통일할 수 있었다.

그렇다면 과연 탄생 설화처럼 왕건은 삼국을 통일하고 고려를 건국할 운명으로 태어났을까? 고려 시대의 대표적인 역사책인 『고려사』에는 도선대사가 그러한 예언을 하였고 왕건을 직접 만나기도 했다고 기록되어 있다. 하지만 이는 왕건이 고려를 건국한 뒤에 자신을 영웅화하고 가계를 신비롭게 하기 위해 도선을 끌어들여 만들어낸 이야기일 것이다.

왕건은 처음부터 왕이 될 운명으로 정해진 사람이 아니었으며 그의 집안은 신라 변방 송악에 터전을 잡은 중간 정도 호족에 불과하였다. 왕건의 아버지는 용건이라고만 밝혀져 있고 성이 없었으니 왕건은 뼈대 있는 가문 출신은 더더구나 아니었다. 당시 신라 시대에는 귀족 정도만 성을 가졌을 뿐 대부분은 이름만 사용하고 있었던 때였다.

왕건이 왕 씨를 칭한 때는 그가 어느 정도 출세한 뒤에 이름의 앞 자인 '왕'을 따서 성으로 삼은 것이다. 그래서 아버지 용건도 왕륭이라 칭하게 되었는데 아마도 죽은 후에 왕건이 붙였을 것으로 추측된다. 조부 작제건 앞의 선대는 명확하지 않은 점이 많다. 김관의가 지은 『편년통록』에 의하면 왕건의 시조는 성골장군(호경)으로 그는 백두산에서 방랑생활을 하다가 부소산 골짜기에 이르러 정착하였다고 한다. 그에게는 평나산 산신과 얽힌 재미있는 설화가 전해 내려온다.

어느 날 호경은 평나산에 매사냥을 나갔다가 호랑이의 도움으로 무너져 내리는 굴속에서 빠져나오게 된다. 이 호랑이는 바로 평나산 산신의 심부름꾼이었고, 평나산 산신은 호경에게 부부의 연을 맺자고 제안하였다. 호경은 평나산 산신과 결혼하여 평나산의 대왕으로 살았다. 그러나 집에 두고 온 부인을 잊을 수 없어 부인의 꿈속에 자주 나타났고 얼마 후 부인은 아이를 낳아 강충이라 불렀다.

강충은 예성강 부근 영안촌의 부잣집 딸인 구치의와 혼인하여 보육을 낳았고, 보육이 낳은 딸 진의는 당나라 숙종 황제와 인연을 맺고 아들을 낳았는데 이가 바로 작제건이다. 작제건은 어려서부터 아버지가 누구인지 몹시 궁금하였으나 알지 못하였다. 작제건은 성장한 후 배를 타고 아버지를 찾아 당나라로 가다가 용왕의 딸과 결혼하여 송악 남쪽 기슭에서 살았다. 그리하여 용녀와의 사이에 네 아들을 낳으니 큰 아들이 바로 왕건의 아버지 용건이었다.

이처럼 왕건은 물론 호경을 비롯한 그의 조상들은 모두 신비화되거나 미화되었다. 6대조 호경은 산신이었으며 할아버지 작제건은 당나라 황제인 숙종의 아들이었고 용녀와 결혼하여 아버지를 낳았다. 그래서 이후 이 집안의 후손을 용손이라고 부르게 되었다. 그리고 당사자인 왕건은 신라의 유명한 풍수지리가인 도선이 왕이 될 운명으로 태어났음을 이미 예언한 것이다.

그러나 이러한 내용은 왕건이 고려를 창건한 뒤에 자신의 정변을 합리화하고 정통성을 확보하기 위해 윤색한 것이었다. 다만 왕건의 설화를 통해 우리가 알 수 있는 것은 이 집안이 해상 무역 활동을 통해 성장했으며 할아버지 작제건 때 호족으로서 자리 잡았다는 사실이다.

작제건은 예성강 하구의 영안성에 머물다가 송악으로 거처를 옮겼으며 아들 용건, 손자 왕건도 여기에서 성장하였고 해상 무역에 종사하였다. 용건도 송악군을 들어 궁예의 부하가 되는 것으로 보아 송악의 지배자였음을 알 수 있으며 왕건이 용건의 자리를 계승하였다. 용건과 왕건 부자는 장사꾼답게 궁예와의 만남을 출세의 기회로 이용하였다. 용건은 궁예를 설득하여 송악에 성을 쌓아 왕건을 성주로 임명하도록 만들었으며 결국 궁예는 철원에서 송악으로 천도하였다. 그 결과 왕건은 궁예의 총애를 받아 출세 가도를 달렸다. 궁예가 민심을 잃자 드디어 왕위에 오르니 이로부터 고려 왕조의 역사가 시작된 것이다.

926년 1월 14일

발해, 거란에 멸망

926년 1월 14일 발해가 거란의 야율아보기에 멸망함으로써 15대 왕 230년의 역사가 막을 내렸다. 고구려 계승을 자처하였던 발해가 멸망하여 우리 민족은 만주 영토를 영영 잃어버리고 말았다.

고구려 멸망 이후 요서 지방에 거주하던 고구려 유민 대조영은 거란족의 반란을 틈타 고구려 유민과 말갈인을 이끌고 만주 동부 지역으로 이동하였다. 대조영은 698년 길림성 돈화현 부근의 동모산 기슭에 진국을 세우고 스스로 왕이 되었으니 비로소 발해의 역사가 시작되었던 것이다.

발해는 고구려를 계승한 당당한 우리 민족의 나라로서 당시 이웃 나라에 이를 당당하게 밝히고 있다. 발해가 일본에 보낸 국서 가운데 '발해는 고구려 옛 영토를 회복하고 부여 이래 오랜 전통을 이어받았다'고 하였고 말미에 '고려 국왕'이라고 칭한 것으로 보아 스스로 고구려를 계승했음을 분명히 밝히고 있는 것이다.

발해는 한때 영역이 확대되고 경제와 문화가 번성하여 '해동성국'이
라고까지 불렸다. 그러나 916년 야율아보기가 거란족을 통일하고 황제
가 되면서 발해의 국가 운명은 풍전등화가 되었다. 야율아보기는 중원
진출을 모색하였고 먼저 발해를 치기로 하였다.

이윽고 925년 12월 말 야율아보기는 군대를 이끌고 발해를 공격하여
보름 만인 이듬해 1월 15일 멸망시켰다. 이로써 신라와 발해로 팽팽하
게 맞서 있던 남북국 시대가 끝나고 우리나라의 역사는 한반도의 신라
중심으로 펼쳐지게 되었다.

—

1929년 1월 14일

원산 부두 노동쟁의, 총파업 단행

—

1928년 9월 초 함경남도 덕원군 문평리 소재 영국석유회사 라이징
선Rising Sun의 노동자 120여 명이 일본인 감독 고타마가 행한 구타 사건
에 항의하여 파업을 일으켰다. 이 사건이 길어지자 원산 노동연합회는
1929년 1월 14일부터 동맹 파업에 들어갈 것을 결의하고 산하 노동조
합에 파업을 지시하였다. 그러나 이 파업은 곧 원산노동연합회에서 개
입하여 협정을 체결하고 철회되었다.

그런데 회사 측은 협정을 이행하지 않은 채 이전보다 더 열악한 최저
임금 내규를 만들어 노동자들을 골탕 먹였다. 이때 일본인 자본가 집단
인 원산 상업회의소가 원산 노동연합회를 파괴할 목적으로 개입하면서
사태는 점점 악화되었다. 원산 노동연합회 산하 노동자들은 계획대로
총파업을 시작하였는데 파업에 참가한 노동자만 2,200여 명에 이르렀

다. 경찰은 파업에 참여한 원산 노동연합회 간부 7~8명을 구속하고 군
대를 동원하여 탄압하였다. 원산 상업회의소는 어용 노조까지 만들어
노동자들의 고용을 막았으며 급기야 폭력 사태까지 일으켰다.

파업은 해결점을 찾지 못한 채 장기화되었고 노동자들은 생활난에
허덕이게 되었다. 원산 노동연합회의 나머지 간부들은 점점 투쟁 의욕
을 상실하였고 1929년 4월 6일 전체 회원의 무조건 자유 취업을 결의
함으로써 4개월에 걸친 총파업은 막을 내렸다.

원산 총파업은 노동자들의 패배로 끝났으나 일제 아래에서 조직적이
고 장기적으로 투쟁한 가장 큰 규모의 파업이었다. 합법적이고 평화적
인 투쟁에 일제의 구금과 탄압이 가해지면서 민족 전체의 관심과 항일
투쟁 의식을 고무시킨 사건이었다.

1939년 1월 14일

조선, 징발령 세칙 공포

중일 전쟁을 일으킨 일제는 끝없는 대륙 전선에서 막대한 인력과 물
자를 동원해야만 했다. 그 대부분을 조선에서 조달하기 위하여 일제는
많은 악법을 제정하였다. 1938년 4월에는 특별 지원병 제도를 시행하
여 17세 이상의 청소년을 뽑아 전선에 투입하였다.

이어 중일 전쟁 3년째인 1939년 1월 14일에 조선 징발령 세칙을 공
포·시행하였다. 같은 해 9월에는 국민 징용령 시행 세칙을 공포·시
행하여 대대적인 집단 강제 연행을 개시하였다. 이것이 이른바 '징용'
의 시작으로, 1945년까지 45만 명 이상이 강제 노동에 징발되었다.

일제가 필요로 했던 노동력은 110만 명에 이르렀고 그 주요한 분야는 탄광 노동이었다. 징발된 사람 중 대부분이 홋카이도의 탄광으로 보내졌는데 이곳은 한 번 가면 돌아오기 힘든 지옥 길이었다. 조선 징발령에 의해 조선의 백성들은 전쟁 소모품으로 죽음에 이르는 고난의 길을 떠나게 되었다.

—

1987년 1월 14일

박종철, 고문으로 사망

—

1987년 1월 14일 서울대학교에 재학 중이었던 박종철이 치안 본부 남영동 대공분실에서 조사를 받던 가운데 사망하였다. 경찰은 단순한 쇼크사로 발표하였으나 시체를 부검한 의사는 고문에 의해 사망했음을 밝혔다. 이어 1987년 5월 18일 서울 명동 성당에서는 천주교정의구현 전국사제단이 성명서를 통해 박종철이 경찰에 연행되어 물고문을 받다가 사망했음을 폭로하였다.

이후 4 · 13 간선제 호헌 조치에 맞서 재야와 통일민주당을 중심으로 결성된 '민주헌법쟁취 국민운동본부'는 6월 10일 '박종철 고문 살인 은폐 조작 규탄 및 민주헌법쟁취 범국민대회'를 개최하였다. 이 집회에는 많은 시민들이 참가하였으며 박종철 고문치사 사건은 민주화 투쟁의 기폭제가 되었다.

1978년 1월 14일

여배우 최은희, 홍콩에서 실종

1978년 1월 14일 여배우 최은희가 홍콩의 퓨라마 호텔에 투숙하였다
가 실종되는 사건이 발생하였다. 그녀는 1월 11일 한국의 모 영화사 홍
콩 지사장을 맡고 있는 김규화와 이상희의 초청을 받아 합작 영화 제작
을 협의하기 위하여 홍콩에 머무르고 있었다. 수사 결과 최은희는 북한
공작원인 이상희에게 납치되어 황해도 해주로 납북되었음이 최종 확인
되었다.

또한 7월 19일에는 그녀를 찾아 나선 그의 전남편이자 영화 감독인
신상옥마저 납북되었다. 이후 1986년 3월 15일 최은희 · 신상옥은 헝가
리 부다페스트에서 탈출하여 남한으로 다시 돌아왔다.

2000년 1월 14일

현월, 아쿠타가와상 수상

2000년 1월 14일 재일 한국인 2세인 현월玄月이 아쿠타가와상芥川賞의
수상자로 결정되었다. 아쿠타가와상은 일본의 권위 있는 천재 작가 아
쿠타가와 류노스케를 기념하여 1935년에 분게이슌주文藝春秋사가 제정
한 문학상이다. 일본 내 각 신문이나 동인지, 잡지에 발표된 순수문학
(소설, 희곡) 가운데 가장 우수한 작품을 선정하며 주로 무명이나 신진
작가를 대상으로 한다. 대중 문학 분야를 대표하는 나오키直木상과 더불

어 일본 문학계의 권위 있는 상이다.

현월은 재일 한국계로는 이회성 · 이양지 · 유미리에 이어 4번째로
아쿠타가와상 수상 작가가 되었다. 그는 부친이 경영하는 신발 공장에
서 일을 돕다가 29세 되던 해 뒤늦게 작가의 길을 걷기로 결심한 이후
문학 학교에 등록하여 공장에서 일하면서 작가 수련을 받았다. 수상작
『그늘의 소굴』역시 신발 공장에 나가 부친의 일을 도우며 틈틈이 써낸
작품으로 재일 한국인들이 살고 있는 오사카를 무대로 한 노인의 일상
생활을 그린 작품이다.

현월은 이전에도 『무대 배우의 고독』이 1998년 문학계 동인지 최우
수작품과 제8회 고타니 쓰요시 문학상 수상작으로 선정되는 등 일찌
감치 주목받아 왔다.

—

1949년 1월 14일

항공 사관 학교, 김포에 창설

—

1949년 1월 14일 항공 사관 학교가 김포에 창설되었다. 항공 사관 학
교는 공군 장교를 양성할 목적으로 설립되었으며 1949년 김포에서 육
군 항공 사관 학교로 발족하였다가 10월 공군 사관 학교로 개편되었다.
1997년부터 여자 사관생도를 선발하였으며 2001년 최초 정규 여군 장
교가 임관하였다.

2011년 1월 14일

삼화저축은행 영업 정지

2011년 1월 14일 금융 위원회는 삼화저축은행을 부실 금융 기관으로 지정하고 6개월 영업 정지 처분을 내렸다. 삼화저축은행 부실의 주된 원인은 무분별한 대출 제공과 이로 인한 부실 채권으로 사업 운용이 어려워졌기 때문이다. 삼화저축은행은 자산보다 부채가 504억 원이나 많고, 국제결제은행BIS 기준 자기자본비율은 마이너스로 떨어졌다. 이후 삼화저축은행은 2011년 12월 2일 우리금융저축은행이 일부 자산과 부채를 인수함으로써 우리금융의 11번째 자회사로 편입되었다.

1월의
모든 역사

1월 15일

.
.
.

1909년 1월 15일

나철, 대종교를 창시하다

그 교리는 유일무이한 천신이 우주 만물을 창조하고 다시 지금으로부터 4,400년 전 태고에 천신이 인간으로 화하여 만선국경 백두산에 강하한 이래 만선에 널려 있는 삼천부의 부민을 교화시킨 후 배달국을 수립하고 그 나라 임금 단군이……

또 단군 교도의 실천 강령이라고 하여 오대종지를 만들어서 조선 민족은 단군을 신앙하여 신으로부터 받은 삼진의 영성을 닦아서 신에 화하도록 힘쓰는 동시에 이상 국가인 배달국을 지상에 재건하는 것이라.

『나라사랑』 제 19집

대종교는 한민족의 시조인 단군을 받드는 종교로 1909년 1월 15일 나철에 의해 개창되었다. 나철은 일제의 침략에 대항하기 위해 민족 종교를 중광시켰다. 이 때문에 대종교에서는 나철이 단군의 신위를 모시고 제천 의식을 거행한 뒤 단군교를 선포한 1월 15일을 중광절이라고 부른다. 중광이란 '기존에 존재하던 것을 부흥시켰다'는 의미이다.

대종교를 일으킨 나철은 일찍이 문과에 장원 급제하여 승문원의 부정자를 역임하였다. 조선에 대한 일본의 침략이 거세지자 그는 관직을 버리고 구국 운동에 뛰어들었다. 1905년 6월에는 직접 일본으로 건너가 '한국의 독립을 보장해야 한다'는 요지의 담판을 벌이기도 했다.

그해 11월 을사조약이 체결되자 나철은 분을 이기지 못하였다. 이에 동지들을 모아 '을사오적'을 암살하기로 모의하고 1907년 3월 25일을 거사일로 잡았다. 하지만 거사 직전 계획이 탄로 나는 바람에 서창보 등이 붙잡혔다. 나철은 동지들의 고문을 덜어 주기 위해 자수하였고 무안군 지도에 유배되었다. 원래 10년의 유배형을 받았지만 고종의 특사를 받아 곧 풀려났다.

나철은 을사조약의 체결 소식을 듣고 귀국했던 1906년 1월에 이미 일제에 항거하기 위한 정신적 무기로서 단군 신앙의 부활을 권고 받았다. 대종교 측의 자료에 의하면 나철은 이때 서대문역 근처에서 아흔의 백발노인으로부터 『삼일신고』와 『신사기』라는 두 책을 전해 받았다고 한다.

1908년 유배에서 풀려나 다시 일본으로 건너갔을 때에는 도쿄의 한 여관에서 두일백이라는 노인을 만나 『단군교포명서』와 『입교절차서』를 전달받았다. 정치가 아닌 신앙과 정신으로 구국 운동을 벌이라는 메시지였다. 나철도 민족의식이 밑바탕에 깔려야만 구국 운동이 성공할 수 있다고 생각했다. 일본의 전통 민족 종교라 할 수 있는 신도가 일본의 근대 국가 형성에 큰 영향을 미친 것도 좋은 본보기였다. 이런 이유로 마침내 나철은 단군교를 창립하기에 이른 것이다.

처음 단군교의 출발은 창립 1년 만에 교도수가 2만 명을 훌쩍 넘어서는 등 순탄했다. 나철은 단군교를 창립한 지 1년 반 만에 대종교로 개칭하였는데 이것은 일제의 가혹한 탄압을 피하기 위해 '단군'이라는 예민한 용어를 바꾼 것이다. 그러나 명칭을 바꾸면서 나철은 커다란 시련에 부딪히게 된다. 단군교의 서울 북부 지사교 정훈모가 단군교라는 명칭을 준수한다는 명분으로 이탈해 나간 것이었다.

나철은 1914년 5월 대종교의 총본사를 만주의 북간도 청파호로 옮겼는데 이 지역이 항일 투쟁을 전개하는 데 유리했기 때문이었다. 대종교는 단군을 숭배하기 때문에 그 성지인 백두산에 총본사를 두는 것이 포교상으로도 이로웠다. 대종교가 세를 확대해 나가자 바짝 긴장한 일제는 1915년 '종교 통제안'을 선포해 대종교를 해체하도록 명령하였다.

이러한 보고를 전해들은 나철은 급히 총독부를 찾아가 '신교 포교규칙'에 준한 신청서를 제출하였다. 그러나 총독부는 다른 신앙 단체에 대해서는 서류를 접수하면서도 대종교에 대해서만은 종교가 아니라며 거부하였다. 일제는 대종교의 활동을 금지하고 심지어는 나철을 구속하겠다고 위협했다. 교단이 없어질 위기에 처하자 나철의 분노와 상실감은 매우 깊었다.

1916년 8월 나철은 김두봉 등 대종교 간부들을 데리고 구월산 삼성사를 찾아가 수행을 시작하였다. 며칠 후 나철은 사당 앞 언덕에 올라 백두산을 향해 참배하더니 '오늘 3시부터 3일 동안 단식 수도할 예정이니 아무도 문을 열지 마라'고 문 앞에 써 붙였다. 시간이 지나도 인기

척이 없어 제자들이 문을 열고 들어갔을 땐 이미 유서를 남기고 자결한 상태였다.

대종교는 창립 자체가 항일 운동의 차원에서 출발했기 때문에 일제 강점기에는 종교적인 측면보다는 독립운동의 측면이 두드러졌다. 청산리 전투에서도 이들은 큰 역할을 수행했다. 또한 단군을 매개로 만주에 거주하는 한인들에게 민족의식과 항일 의식을 심어 주었다. 이런 까닭에 대종교는 가장 성격이 뚜렷한 민족 종교로 평가받고 있다.

1987년 1월 15일

김만철 일가 망명

북한의 청진의과대학 병원에서 의사로 일하던 김만철 일가가 1987년 1월 15일 새벽 1시 망명하였다. 개인 차원에서 귀순한 경우는 있었지만 장모, 처남, 처제까지 포함하여 일가족이 집단으로 탈북한 것은 이때가 처음으로 목숨을 건 가족 단위의 탈출은 세계의 주목을 받았다.

이들 일가는 68세 노인부터 11세 어린이까지 모두 11명으로 청진항에서 50t 급 청진호를 타고 북한에서 탈출하였다. 청진항을 출발한 다음 날 대화퇴 근처에서 엔진 고장으로 표류하다가 1월 20일 일본 후쿠이 외항에 도착했다.

이들은 일본 해상보안청의 순시선에 발견되어 쓰루가항으로 예인되었는데 이때 문제가 발생하였다. 일본 측이 통역 요원으로 재일본조선인총연합회 동포를 승선시켜 불법 입국 경위를 조사하게 된 것이다. 조총련계 동포인 마쓰야마를 비롯하여 조총련 본부 간부들의 협박으로 망명지를 놓고 가족 간에 의견이 엇갈리기 시작하였다.

한국 정부는 1월 22일 일본 정부에 이들의 인도를 공식 요청하였지만 일본 측은 북한과의 관계를 의식해 한국으로의 인도를 선뜻 수락하지 않았다. 한편 북한은 일본 측에 이들을 송환시킬 것을 요청하고 공해상에 북한 경비정을 대기시켜 놓고 있었다.

한일 양국은 김만철 일가가 제3국 망명을 희망함에 따라 2월 3일 타이완 정부와 협의 끝에 단기간 경유 체류를 조건으로 대만 행을 결정하였다. 이들은 2월 7일 새벽 오키나와를 거쳐 타이완에 도착한 뒤 다음 날 오후 김포공항에 도착하였다. 김만철 일가는 한국과 일본, 중국 간의 신경전과 협상 끝에 일본에 의해 추방 형식으로 타이완으로 보내진 다음 귀순하게 된 것이다. 이들 일가의 귀순은 분단 이후 단일 귀순으로는 가장 많은 인원이었다.

1976년 1월 15일

영일만 석유 발견 발표

1976년 1월 15일 박정희 대통령은 연두 기자 회견에서 경북 영일만(포항)에서 양질의 석유가 발견되었다고 발표하였다. 전 세계를 강타한 제1차 오일 쇼크(1973~1974)를 겪은 직후였기 때문에 국민들은 이 소식을 듣고 산유국이 된다는 꿈에 부풀어 환호했다. 그러나 그 후 영일만 석유에 대한 어떤 소식도 들려오지 않았다. 박 대통령의 예비 산유국 선언은 유신 체제 유지를 위한 '조작극'이었다는 게 정설이다.

1992년 1월 15일

김우중 회장 평양 도착

1992년 1월 15일 김우중 대우그룹 회장이 경제 협력 방안을 협의하기 위해 북한을 방문하였다. 그는 해주에 남북 합작 봉제 공장을 건설하고 200만 평 규모의 경공업 단지를 조성하기로 김달현 부총리 겸 대외경제위원장과 합의하였다. 김 회장의 방문은 1991년 12월 남북 기본 합의서 채택으로 남북 관계가 개선되기를 기대하는 시점에서 이루어진 것이었다.

1946년 1월 15일

남조선 국방 경비대 발족

1946년 1월 15일 남조선 국방 경비대가 발족되었다. 남조선 국방 경비대는 대한민국 국군의 전신으로 1948년 대한민국 정부 수립과 함께 육군으로 개편되었다. 창설 이후 각 도 별로 1개 연대씩 창설하는 방식으로 병력을 늘렸으며, 모병에 의해 여단이 편성되었다. 1949년 여단을 사단으로 승격시켜 10개의 사단을 갖추었다. 1948년 11월 3일 '국군 조직법'이 국회를 통과함에 따라 국방부 산하에 육군 본부를 두어 완전한 국군으로 재탄생하였다.

1월의
모든 역사

1월 16일

.
.
.

1903년 1월 16일

시인 김영랑 출생

시인 김영랑(본명 윤식)은 1903년 1월 16일 전남 강진에서 태어났다. 그는 휘문의숙에 재학하던 중 3·1 운동에 참여하였다가 체포돼 6개월의 옥고를 치렀다. 그리고 이듬해 일본으로 건너가 아오야마 학원에서 수학하였다. 1930년 3월에는 박용철·정지용·이하윤 등과 『시문학』을 창간하고 본격적으로 작품 활동에 몰두하였다.

「동백잎에 빛나는 마음」「언덕에 바로 누워」 등의 초기 작품은 맑고 고요한 자연의 정경을 통하여 순결한 마음의 세계를 표현하였다. 여성적 어조를 특징으로 하는 「모란이 피기까지는」은 순수미에 대한 시적 자아를 추구하고 있다. 잘 다듬어진 언어로 섬세하고 영롱한 서정을 노래한 김영랑은 정지용의 감각적인 기교, 김기림의 주지주의적 경향과는 달리 순수 서정시의 새로운 경지를 개척하였다.

1935년에는 『영랑 시집』이 친구인 박용철 시인에 의하여 발간되었으며 작품집으로는 『영랑 시선』『모란이 피기까지는』이 있다. 광복 후 강진 대한 청년회 단장을 지내는 등 사회 참여에 적극적이었으나 불행히도 6·25 전쟁 때 서울을 빠져나가지 못하고 은신하다가 파편에 맞아 사망하였다.

1967년 1월 16일

진주검무 · 강릉단오제 · 한산모시짜기, 무형 문화재 지정

1967년 1월 16일 진주검무와 강릉단오제, 한산모시짜기가 중요 무형 문화재로 지정되었다. 진주검무(중요 무형 문화재 12호)는 진주 지방에 전승되는 여성 검무로 검기무 또는 칼춤이라고 한다. 유래는 정확히 알 수 없으나 대궐 안 잔치 때 행하던 춤의 하나로 신라 사람들이 나라를 위해 죽은 소년들을 애도하거나, 논개의 얼을 달래기 위해 진주 기생들이 칼춤을 춘 데서 비롯되었다고 한다.

진주검무는 도드리장단, 느린 타령, 빠른 타령에 맞추어 조선 시대 무사복을 갖춘 8명의 무용수가 두 줄로 마주보고 서서 양손에 색동천을 끼고 칼을 휘저으며 춘다. 진주검무는 연출 형식, 춤가락, 칼 쓰는 법 등 모든 기법이 과거 궁중에서 열렸던 검무의 원형을 그대로 보유하고 있어 예술적인 가치가 높다.

강릉단오제(중요 무형 문화재 13호)는 우리나라에서 가장 역사가 깊은 축제이다. 사람들은 단오제를 드리지 않으면 큰 재앙이 온다고 믿어 대관령 서낭당에서 서낭신을 모셔다가 강릉 시내에 있는 여서낭당에 며칠 동안 머물게 한 다음 서낭 내외분을 모셔 놓고 제사를 지낸다. 음력 5월 5일 단오에 본제를 지내는데 풍년이 들고 풍어를 이루며 질병 없이 평안한 생활을 기원한다.

강릉단오제는 민간 신앙이 결합된 우리나라 고유의 향토 축제로 그 문화적 독창성과 뛰어난 예술성을 인정받았으며 2005년 11월 25일 유네스코 인류 구전 및 무형 유산 걸작으로 등재되었다.

　한산모시짜기(중요 무형 문화재 14호)는 충남 한산 지방에서 내려오는 모시짜기이다. 모시는 충청과 전라 연안 지방에서 많이 생산되었는데 특히 한산은 예로부터 모시짜기의 본고장이었다. 모시는 다년생인 모시 나무의 가지를 꺾어 그 껍질을 벗긴 것을 재료로 하여 짠다. 모시를 심은 그해나 다음 해부터 수확하여 쓸 수 있으며 한 해에 세 차례를 베는데 벗긴 껍질을 째고, 삼고, 날고, 매고, 베틀에서 모시를 짠다. 모시짜기 기능 보유자로는 충남 서천군 한산면 지현리의 문정옥이 있다.

―

1946년 1월 16일

미소공동위원회 예비회담 개최

―

　1946년 1월 16일 미국 측의 아널드 소장과 소련 측의 스티코프 중장을 대표로 하는 미소공동위원회 회담을 위한 예비회담이 덕수궁 석조전에서 열렸다. 모스크바 삼상회의에서 한반도에 임시정부를 수립하기로 결의하고 이를 위한 미소공동위원회를 설치하기로 합의한 데 따른 모임이었다. 예비회담에서 1개월 이내에 미소공동위원회를 설치할 것을 합의하고 2월 5일 폐회하였다.

1948년 1월 16일

오페라 『춘희』 한국 초연

1948년 1월 16일 서울 시공관에서 국제 오페라사가 주최하는 오페라 『춘희』가 초연되었다. 『춘희』는 우리의 손으로 공연한 최초의 오페라이다. 지휘는 임원식이 맡았고 이인선 · 김자경 · 마금희 · 정영재 · 고종익 · 황병덕 · 오현명 · 김노현 · 박승유 · 송진혁 · 손윤열 · 노형숙 · 김혜란 · 이열희 · 김영순 등이 출연하였다. 이후 『춘희』는 우리나라에서 가장 많이 공연되는 오페라가 되었다.

1월의
모든 역사

1월 17일

■
■
■

647년 1월 17일

선덕 여왕 죽고 진덕 여왕이 즉위하다

선덕 여왕, 진덕 여왕, 그리고 진성 여왕.

우리 역사에는 3명의 여왕이 등장한다. 이들은 모두 신라의 여왕
이었고 당대의 고구려 · 백제는 물론 그 후대인 고려나 조선에도
여왕은 없었다. 왜 신라에만 여왕이 있었던 것일까? 그리고 우리
역사에서 여왕의 존재는 어떤 의미를 갖는 것일까?

  신라 제26대 진평왕(재위 579~632)이 죽자 맏딸 덕만이 국인의 추대를 받아 왕위에 올랐다. 신라 및 우리 역사를 통틀어 최초로 여성이 왕위에 오른 것이다. 선덕 여왕이 즉위한 632년에는 동생 천명부인의 아들 김춘추의 나이가 이미 서른이었으므로 아마도 선덕 여왕은 즉위 당시 쉰 살이 좀 넘었을 것으로 추정된다.

  당시 역사는 연로한 선덕이 왕위에 오를 수 있었던 것은 성골 남자가 없었기 때문이라고 기록하고 있다. 성골은 부모 모두가 왕족인 계급으로, 이들만이 왕위에 오를 수 있었다. 그렇다면 이전의 왕들도 모두 성골로 왕위를 이었는데 유독 선덕 여왕 때만 성골임을 강조한 이유는 무엇일까. 이것은 성골 남자가 없다는 사실을 강조해야만 성골 여자가 즉위할 수 있는 명분을 얻기 때문이었다.

  여왕의 통치는 안으로는 귀족들의 세력을 무마해야만 했고 밖으로는 당나라 등 여러 나라로부터 인정받아야 했기 때문에 결코 쉽지만은 않았다. 당나라는 여왕이 통치한다고 하여 신라를 무시하였다. 신라가 643년 9월 당나라에 사신을 보내어 고구려와 백제를 물리칠 구원병을 청하자 태종은 이렇게 말하였다.

  "그대 나라는 여자가 임금의 자리에 있어 이웃 나라들이 업신여기고 쳐들어와 한 해도 편할 날이 없다. 그러므로 여왕 혼자 다스리게 해서는 안 된다. 내가 왕족 중 한 사람을 보내 그대 나라의 왕으로 삼는 것이 좋겠다."

  당나라 태종이 선덕 여왕을 깔보자 기회만 엿보던 상대등 비담 등은 여왕의 통치를 정면으로 부정하고 나섰다. 비담은 염종 등 귀족 세력과 연합하여 647년 1월 반란을 일으켰다. 반란군은 경주의 동쪽, 월성을 마주하는 명활산성을 근거지로 하여 선덕 여왕을 압박하였다. 여왕은 혼자 힘만으로는 반란을 진압할 수 없었다. 이에 김춘추·김유신 등의 힘을 빌려 반란군 진압 작전에 나섰다. 두 세력은 10여 일 동안이나 서로 공격하였지만 결판이 나지 않았다.

그러던 어느 날이었다. 한밤중에 큰 별이 월성에 떨어졌다. 이를 본 반란군 진영은 사기가 치솟았다. '별이 떨어진 곳에 반드시 피를 흘린다'는 옛말이 있었기 때문에 이를 승리를 알리는 메시지로 받아들였다. 그러나 김유신은 재기를 발휘에 위기를 모면하고 반격의 기회로 삼았다. 김유신은 우선 연을 만들어 허수아비를 달아둔 다음 불을 붙여 하늘로 날려 보내고 이튿날 아침이 되자 "어젯밤에 떨어졌던 별이 다시 하늘로 올라갔다."고 선전하여 군사들의 마음을 안심시켰다. 그러고는 병사들의 사기를 더욱 북돋우기 위해 백마를 잡아 제를 지낸 뒤 총공격을 감행하였다. 반란군은 곧 진압되었고 비담에 동조한 주모자들은 모두 죽임을 당하고 구족九族이 화를 입었다.

기록에 의하면 선덕 여왕은 이 무렵에 죽었다고 한다. 더 이상 자세한 기록이 없어 여왕이 어떻게 죽었는지는 의문이다. 옛날 천재지변은 국왕과 밀접한 관련이 있었으므로 '한밤중 월성에 큰 별이 떨어졌다'는 기록이 선덕 여왕의 죽음을 상징했을 가능성도 있다.

반란군이 진압된 후 647년 1월 17일 사촌 여동생인 승만 공주가 왕위를 잇는데그녀가 두 번째 여왕인 진덕 여왕(재위 647~654)이다.『삼국사기』에 의하면 진덕 여왕은 풍만하고 아름다웠으며 신장이 7척이고 손을 내리면 무릎 아래까지 내려왔다고 한다. 이는 여왕을 부처님의 서른두 가지 모습 가운데 하나로 묘사하고 있는 것이다. 이렇게 진덕 여왕을 부처의 모습에 비유한 이유는 여왕이 성인의 면모를 갖추었으므로 왕위를 잇는 것이 당연하다는 사실을 강조하기 위함이었다.

『삼국유사』도『삼국사기』의 기록과 비슷한 것으로 보아 진덕 여왕의 즉위는 당시 당연하게 여겨졌던 것 같다. 그리고 진덕 여왕의 재위 기간에는 여왕의 통치에 대한 불만이 표면적으로 드러나지는 않았다. 이는 비담의 난을 진압하는 과정에서 결정적 역할을 한 김춘추와 김유신 세력이 진덕 여왕을 보좌하고 있었기 때문이다.

이렇게 볼 때 진덕 여왕의 즉위는 선덕 여왕의 경우와 상황이 매우 달랐음을 알 수 있다. 선덕 여왕의 즉위는 국인들의 지지에 힘입은 것이지만, 진덕 여왕의 즉위는 비담의 난을 진압한 김유신의 군사적 세력에 의한 것이었다. 결국 진덕 여왕의 통치 기간 동안 왕권을 견제하려던 세력은 후퇴하였고 훗날 김춘추가 태종 무열왕으로 왕위에 오를 수 있는 기틀이 마련되었다.

—

1864년 1월 17일

흥선 대원군 이하응 섭정 시작

—

철종이 사망하자 흥선군의 둘째 아들 명복이 12세로 고종 임금이 되었다. 이에 흥선군 이하응이 1864년 1월 17일 섭정하면서 천하를 손에 쥐게 되었다. 흥선 대원군 이하응은 영조 임금의 5대손이며 고종의 아버지로 1843년에 흥선군에 봉해졌으나 한직을 전전하였다. 그는 순조 · 헌종 · 철종 3대에 걸친 안동 김씨의 세도가 판치는 동안 핍박을 피해 몸을 낮추고 있었다.

당시 안동 김씨들은 왕실의 후예로서 쓸 만한 사람들은 남김 없이 죄를 뒤집어 씌워 죽였다. 이에 흥선군은 시정의 무뢰한과 어울리고 안동 김씨 가문을 찾아 구걸을 하는 등 파락호 행세를 하며 화를 피하였다. 그러나 그는 난세의 뛰어난 정략가의 식견을 가지고 있었으므로 한편으로는 왕실의 어른 조대비를 자주 찾아가 병약한 철종의 후사를 의논하였다. 두 사람은 홍선군의 둘째 아들 명복을 철종의 후계자로 삼기로 밀약하였다. 철종이 죽자 조대비는 명복을 익성군에 봉하고 대통을 이어 왕으로 삼았다. 이에 아버지인 홍선군도 대원군으로 격상되고 조대비의 권한을 대리하여 섭정하게 된 것이었다.

홍선 대원군은 섭정하자마자 제일 먼저 안동 김씨의 세도 정치를 타파하기 시작했다. 그리고 왕권을 공고히 하기 위하여 당파에 관계없이 인재를 등용하는 등 과감한 혁신 정책을 펼쳤다. 당시 당파 정치의 온상으로 불리는 서원을 철폐하고 47개만을 남겨 두었다. 그리고 왕권의 위엄을 보이기 위해 임진왜란 때 불탄 후 감히 손대지 못했던 경복궁을 중건하는 대역사에 착수하였다. 경복궁 중건 비용을 충당하기 위해 원납전과 당백전을 강제 징수하였으며 백성들에게 새로운 세금과 노역을 부담시켰다. 드디어 1868년 경복궁이 완성되었고 고종이 이곳으로 이어함으로써 조선 왕조의 위엄이 서는 듯이 보였다.

그러나 대원군의 과감한 혁신 정책은 긍정적인 측면만 있었던 것은 아니었다. 서원 철폐는 유생들의 심한 반발을 불러왔으며 경복궁의 무리한 공사로 백성들의 원성을 샀다. 그는 천주교도를 박해하여 8,000여 명을 무자비하게 학살하고 미국·프랑스 등의 개국 요구에 응하지 않은 채 쇄국 일변도의 정책을 취하는 과오를 범하기도 하였다.

결국 고종이 장성하여 친정을 하게 되자 대원군은 1873년 섭정에서 물러났다. 홍선 대원군은 섭정 10년 동안 과감한 개혁을 추진하여 국내 정치의 기강을 바로잡고 외세의 무력적 접근은 막아 냈으나 국제 정세의 흐름에 능동적으로 대처하지 못함으로써 조선은 근대 국가로 진입하는 데 실패하고 말았다.

* 1898년 2월 22일 '흥선 대원군이 사망하다' 참조

1월의
모든 역사

1월 18일

■
·
■

1905년 1월 18일

화폐 조례 공포

강화도 조약 이후 한일 간의 통상 무역이 급격히 늘어나면서 무역 결제 수단으로 근대적 화폐 제도의 도입이 필요하였다. 이에 1892년에는 일본 측의 권유로 '신식 화폐 조례'를, 1894년에는 '신식 화폐 발행 장정'을 제정·공포하였으나 시행하지 못하였다. 1901년에는 '화폐 조례'를 제정하여 러시아 화폐 체제를 채택하려 하였으나 일본의 압력으로 실시하지 못했다.

한일 협정서가 체결되자 재정고문 메가타는 화폐 제도의 재정비를 우선 과제로 삼았다. 이에 우리 정부는 메가타의 건의에 따라 1905년 1월 18일 '화폐 조례 실시에 관한 건'을 공포하였다. 이로써 금본위 화폐 제도가 채택되었다. 같은 날 칙령 '형체양목形體量目이 동일한 화폐의 무애 통용건'을 공포하여 일본 화폐의 국내 유통을 인정하였다. 1904년 11월에는 전환국을 폐지시켜 이후 대한제국의 화폐는 일본 대판 조폐국에서 주조되었다.

일본 세력의 적극 개입 아래에 이루어진 화폐 조례의 실시로 근대적 화폐 제도가 확립되었으나 결과적으로 우리나라의 화폐에 대한 지배권을 일본이 소유하게 되었다.

1974년 1월 18일

남북한 불가침 협정 체결 제의

박정희 대통령은 1974년 1월 18일 연두 기자 회견을 통해 '남북한 불가침 협정'의 체결을 제의하였다. 남과 북이 불가침 협정을 맺고 그 바탕 위에서 교류와 협력을 증대시켜 평화 공존의 단계를 밟은 뒤 남북한 자유 총선거를 통해 통일을 이룩한다는 단계론적 · 기능주의적 접근법을 제시한 것이다.

이것은 1973년 6월 23일 발표한 '평화 통일 외교 정책 특별 선언'의 연장선상에서 나온 정책이었다. 이른바 '6 · 23 선언'으로도 불리는 평화 통일 외교 정책은 평화 통일의 대전제 아래 남북한이 국제 연합에 동시 초청되거나 동시 가입하는 것에 반대하지 않으며 소련 · 중국 등 공산주의 국가나 사회주의 국가들과 수교할 수 있다는 것이었다.

그러나 북한은 남북한 불가침 협정 제의를 거부하고 '고려高麗'라는 단일 국호 아래 남북이 연방제를 이룩해 통일할 것을 제의하였다. 아울러 북한은 주한 미군의 철수와 한반도의 휴전 협정을 평화 협정으로 전환시키기 위해 북한과 미국 사이의 쌍무 회담 개최를 주장하였다.

1952년 1월 18일

이승만 대통령 평화선 선언

1952년 1월 18일 이승만 대통령은 '대한민국 인접 해양에 대한 주권' 이른바 평화선을 선포하였다. 이 선은 한반도 주변 수역 50~100해리 범위로 국제해양법협약에 새로 도입된 개념인 배타적 경제 수역EEZ의 외측 한계보다 안쪽에 위치해 있으며 독도를 라인 안쪽에 포함시키고 있다.

이 평화선은 해안에서 평균 60마일(약 100km)에 달하며 이 수역에 포함된 광물과 수산 자원을 보존하기 위하여 설정한 것이다. 일본이 가장 강력하게 대응하였으며 미국과 영국 등 우방국들의 반대가 있었다. 그러나 정부가 한일 양국의 평화 유지에 목적이 있다고 밝힘으로써 '평화선'이라고 불렸다.

평화선은 한일 간의 어업상의 격차가 심하고 어업 자원 및 대륙붕 자원의 보호가 시급하며 세계 각국 영해의 확장 및 주권적 전관화 추세가 일고 있음에 대처한 것으로 특히 '맥아더 라인'의 철폐에 따른 보완책의 하나로 설정한 것이다. 이승만 정부는 평화선을 국내법적으로 뒷받침하기 위하여 1953년 어업자원보호법을 제정하여 이 수역 내에서 외국 선박의 불법 어로 행위를 엄격히 단속했다.

* 1952년 1월 28일 '일본, 독도 영유권 주장' 참조

1954년 1월 18일

독도, 영토 표지 등대 설치

독도와 관련된 논란은 1952년 1월 28일 일본이 울릉도의 부속 도서인 독도에 대한 영유권을 주장하면서 시작되었다. 일본은 1953년 6월 25일부터 28일까지 3차례에 걸쳐 미군기를 도용하여 독도에 상륙해 우리 어부의 위령비를 파괴하고 일본 영토 표지를 하는 등 불법 행위를 자행하였다.

일본의 독도 침범이 빈번해지자 1953년 4월 울릉도 주민으로 구성된 독도 의용 수비대가 결성되었으며 7월 대한민국 국회에서는 독도를 지킬 것을 결의하였다. 이에 따라 1953년 8월에는 독도 영토비가 건립되었고 마침내 1954년 1월 18일 독도에 영토 표지를 하였다. 이어 8월 15일에는 무인 등대를 설치하여 독도가 우리 땅임을 만국에 선포하였다. 대한민국 우정국에서도 9월 15일 독도가 우리 땅임을 강조하기 위해 3종의 독도 우표를 발행하였다.

한편 일본 정부는 1954년 9월 25일 국제사법재판소에 영유권 분쟁의 최종 결정을 위임할 것을 제안했으나 대한민국 정부는 독도는 명백히 대한민국 영토이므로 이 문제를 국제사법재판소에 위임하는 것은 현명치 못하다고 판단하여 일본 정부의 제안을 거부하였다. 1956년 12월부터는 대한민국 경찰이 경비 임무를 맡게 되었고 독도에 대한 일반인의 출입이 금지되었다.

이후 2005년 3월 24일 대한민국 정부가 일본의 영유권 주장에 대항하여 입도 허가제를 신고제로 바꿔 하루 1,800명씩 일반인의 관광을 허용했다.

—

1994년 1월 18일

문익환 목사 사망

—

1994년 1월 18일 재야 운동가 문익환 목사가 사망하였다. 그는 유신 체제 아래에서 재야 민주화 운동가로, 통일 운동가로 변신하였다. 1976 년에는 '3 · 1 민주 구국 선언' 사건으로 투옥되어 22개월 만에 출옥한 뒤 총 6차례나 감옥을 드나들었다. 1989년 3월 25일에는 북한을 방문 하여 김일성 주석과 두 차례 회담을 하고 통일 3단계 방안 원칙에 합의 하고 돌아왔다. 그는 7,000만 겨레 모임 운동을 제창하는 등 일생을 민 주화 운동과 통일 운동에 전념하다가 심장마비로 사망하였다.

—

1894년 1월 18일

소설가 전영택 출생

—

소설가 전영택은 1894년 1월 18일 평양에서 태어났다. 일본 아오야 마 학원 문학부와 신학부를 졸업하고 1930년에 도미하여 미국 패시픽 신학교에서 공부했으며 귀국 후 목사로 활동하였다. 중앙 신학교 교수 와 한국 문인협회 초대 이사장을 지냈다.

1919년에 『창조』지 창간 동인으로 참여하여 「혜선의 사死」를 발표하 며 작품 활동을 시작하였다. 이후 계속 「운명」 「화수분」 등을 발표하며 식민지 시대 사회 문제와 개인의 삶을 소박하고 사실주의적 기법으로 그렸다. 8 · 15 광복 후에는 38선의 비극을 박애주의 시각으로 그린 단편 「소」를 비롯하여 「새벽종」 「아버지와 아들」 등을 발표하였다.

조선 민주당 · 문교부 편수국장 등을 지냈으며 1961년에는 한국 문인 협회 초대 이사장에 취임하였다. 1963년 대한민국 문화 포상 대통령상을 받았으나 1968년 1월 16일 교통사고로 눈을 감았다.

전영택의 초기 작품은 인도주의적 요소를 내포하면서도 자연주의 · 사실주의 색채가 강했으나 후기에는 기독교적 인도주의의 경향이 짙게 나타났다. 대표작으로는 『생명의 봄』 『화수분』 『바람 부는 날 저녁』 『크리스마스 전야의 풍경』 등 다수가 있다.

1월의
모든 역사

1월 19일

■
■
■

1733년 1월 19일

영조, 노론과 소론이 탕평할 것을 하교하다

전교하시길, "붕당의 폐해가 요즘보다 심한 적이 없었다. 처음에는 사문에 소란을 일으키더니, 이제는 다른 쪽을 모조리 역적으로 몰고 있다.

우리나라는 본시 땅이 좁고 사람을 쓰는 방법 역시 넓지 못한데, 근래엔 모두 같은 붕당의 인사들만 등용하려고 하니 이와 같이 하고도 천리의 공에 합하고 온 세상의 마음을 복종시킬 수 있겠는가?

이제 유배된 사람들은 그 죄의 가볍고 무거움을 헤아려 이조가 탕평의 정신으로 수용토록 하라."

『영조실록』 권 3

　18세기 조선 사회를 지배한 정치 강령은 단연 탕평론이었다. 이것은 『상서』의 「홍범구주」 편에 실린 '無偏無黨 王道蕩蕩 無黨無偏 王道平平 (무편무당 왕도탕탕 무당무편 왕도평평)'이란 구절에 그 근거를 두고 있다. 군주가 어느 한쪽에 치우치지 않고 공평함을 유지하면 왕도 정치를 실현할 수 있다는 의미이다. 그러나 탕평책의 실시는 사실 붕당의 폐해가 그만큼 컸다는 것을 반증한다. 상호 공존을 인정하지 않는 붕당 간의 다툼은 왕위 계승까지도 위협했다.

　영조는 바로 노론과 소론 사이의 격렬한 대립 속에서 겨우 목숨을 부지하다 왕위에 오른 인물이었다. 그 때문에 붕당 정치의 해악을 누구보다도 뼈저리게 느끼고 있었다. 그는 탕평만이 이것을 해결하는 지름길이라고 보았다. 영조가 즉위하자마자 탕평의 필요를 역설하는 교서를 내려 탕평 정책의 의지를 밝힌 것은 바로 이런 연유였다.

　그러나 '이인좌의 난'이 일어나기 전까지는 숙종 이후 하나의 유행처럼 되어 버린 환국이 반복되었다. 영조를 곤경에 빠뜨리고 수많은 노론 인사를 죽음으로 몰고 간 신임옥사의 책임을 추궁하여 소론을 숙청한 '을사처분'이 그 시작이었다. 노론의 복수가 도를 더하자 영조는 이번에는 노론을 내치고 다시 소론을 불러들였다. '정미환국'이었다. 그러나 한 당파를 완전히 쓸어버리는 것이 아니라 적절한 안배를 했다는 점이 전과는 사뭇 달랐다.

　영조가 붕당의 타파를 표방한 탕평책을 내세운 것은 영조 4년(1728)년에 일어난 '이인좌의 난'이 직접적인 계기가 되었다. 이 난은 소론을 주축으로 일부 과격한 남인이 가세하여 영조의 왕통을 부정해 일으킨 사건이었다. 경종의 독살에 영조가 관여했다는 것이 이들의 주장이었다. 반란은 진압되었지만 당장 노론은 역적의 집단인 소론들과 정사를 함께 논할 수 없다며 왕에게 그들을 숙청하라고 요구하였다. 아마도 영조가 탕평에 대한 의지가 미약했다면 소론은 이때 쑥대밭이 되었을 것이다.

영조는 이인좌의 난이 소론 한 당파만의 책임이 아닌 체제의 위기로 인식하였다. 붕당 간의 문제를 근본적으로 해결하지 못하면 이와 같은 일은 언제든 재발할 것으로 보았다. 이에 영조는 '기유대처분'이라는 유명한 조치를 내렸다. 신임옥사로 죽은 노론의 4대신 중 자손이 연루되지 않은 이건명과 조태채를 무죄로 판정한 것이다. 이는 노론이 경종 때 모두 역적의 행위를 한 것이 아니며 경종의 결정 또한 전적으로 옳지는 않다는 의미였다. 결국 소론과 노론의 당론을 절충하여 양측의 입장을 반영한 조치였다.

영조는 정책과는 별개로 자신이 직접 나서 붕당의 화해를 주선하는 방법도 구사하였다. 1733년 1월 19일 영조는 노론의 영수인 민진원과 소론의 영수인 이광좌를 불러들였다. 옆에는 오직 사관만을 배석시켰다. 조정의 모든 눈길이 이 만남에 주목하였고 드디어 영조가 입을 열었다.

"내 경들에게 분명히 일러두겠다. 노론은 세제의 대리청정을 요구할 때 임금을 선택하고 신임옥사 때는 그 자제들이 역모에 가담한 것을 익히 알고 있다."

민진원은 식은땀이 줄줄 흘렀다. 노론에 의해 옹립된 영조의 입에서 상상할 수 없는 충격적인 발언이 나온 것이다. 영조는 계속 말을 이어갔다.

"소론과 남인들은 환관 나인들과 결탁하여 짐을 또 얼마나 괴롭혔는가?"

이는 영조가 세제로 있을 때 소론 김일경이 환관 박상검과 궁인들을 매수하여 갖은 방법으로 영조를 위기에 처하게 만든 과거를 지적한 것이었다. 이광좌 역시 이 말을 듣자 온몸이 저려 왔다. 자칫하면 다시 한바탕 피바람이 불 수 있는 가시 돋친 말이었던 것이다.

영조는 이렇게 양측의 약점을 지적하여 서로 한발씩 물러나 화해할 것을 종용하였다. 하지만 워낙 양측 사이에 패인 골이 깊었기 때문에 쉽지는 않았다. 이에 영조는 탄식하며 말했다.

"꺾기 힘든 것은 사람의 고집이며 늙으면 늙을수록 그 고집은 더욱 굳어만지는구나."

영조는 결국 이 둘을 모두 사퇴시켰다. 그들이 떠난 자리에는 탕평에 동의하는 인물들이 기용되었다. 이후 영조는 나머지 노론 두 대신의 무죄를 요구하거나 탕평에 대한 반대론이 나오면 이날의 하교를 거론하며 묵살하였다.

1946년 1월 19일

극동 국제 군사 재판소 설치

1946년 1월 19일 전쟁 과정 또는 점령지에서 일본이 벌인 잔혹한 범죄를 처벌하기 위한 극동 국제 군사 재판소가 도쿄에 설치되었다. 이 재판소에서는 1948년까지 25명의 주요 전쟁 범죄자들을 재판하였다. 이들 25명은 일반적으로 국제 조약을 위반하여 침략 전쟁을 기획하고 수행한 A급 전범들이었다. 이 재판소는 뉘른베르크 재판소와 마찬가지로 군사 법정이었으며 최종 근거는 연합군 최고 사령관의 명령에 있었

다. 국제 검사국과 재판소 판사들의 구성권 역시 그의 권한에 속하는 것이었다.

그러나 사실상 미국이 주도하였고 당시의 냉전 구도 속에서 미국은 이 재판을 정치적으로 이용하였다. 이 재판에서는 생체 실험을 자행했던 731부대 관련자들이 기소 대상에서 제외되었다. 또한 소련과 호주가 식민 지배의 최고 책임자인 히로히토 일왕의 소추를 주장했음에도 일왕은 기소되지 않았다. 이것은 미국이 일본 점령 정책을 원활히 수행하기 위해 일왕을 정치적으로 이용할 필요가 있었기 때문이었다.

—

1914년 1월 19일

시인 김광균 출생

—

시인 김광균은 1914년 1월 19일 경기도 개성에서 태어났다. 그는 중외일보에 「가는 누님」을 발표하면서 본격적인 작품 활동을 하였다. 1936년 『시인부락』 동인으로 1937년에는 『자오선』의 동인으로 참가하였다. 회화적 이미지의 시들을 주로 써서 김기림에게 '소리조차 모양으로 번역하는 기이한 재주'를 가졌다고 평가받았다.

그는 도시적 소재와 공감각적 이미지를 즐겨 사용하여 이미지의 공간적인 조형을 시도하였다. 방향 감각의 상실로 인한 고독과 비애감을 그린 「와사등」 「추일서정」 등은 시대적 비애를 회화적 기법으로 그린 대표작이다. 대표적인 시집으로는 『와사등』 『기항지』 등이 있다.

1949년 1월 19일

남한 단독으로 유엔 가입 신청서 제출

우리나라는 1949년 1월 19일 처음으로 유엔 가입 신청서를 제출하였다. 우리 정부의 가입 노력은 1948년 제3차 유엔 총회가 대한민국 정부를 유일한 합법 정부로 승인하는 결의를 채택한 직후 시작되었다. 그러나 당시 소련 등의 거부권 행사로 유엔 가입이 번번이 좌절되었다. 북한이 분단을 고착화한다는 명분으로 남한의 독자적인 유엔 가입에 반대했기 때문이었다.

결국 우리 정부의 유엔 가입은 1990년 9월 소련과 국교 수립, 중국과의 무역 대표부 설치 합의 등을 계기로 국제 사회의 지지에 힘입어 가능하게 되었다. 이에 위기를 느낀 북한은 남한의 단독 가입을 견제하기 위해 동시 가입 수용으로 방향을 전환하였다. 유엔 안전 보장 이사회는 1991년 8월 남북한 유엔 가입 결의안을 만장일치로 채택하였고, 마침내 제46차 유엔 총회 개막일인 1991년 9월 17일 남북한 유엔 가입이 동시에 이루어졌다.

1966년 1월 19일

한남대교 착공

1966년 1월 19일 한강에 네 번째 교량인 한남대교가 착공되었다. 서울과 부산을 연결하는 경부고속도로의 진입 관문 역할을 하는 한남대교는 착공 4년 만인 1969년 12월 25일 공사를 마쳤다. 개통 당시에는 제3 한강교로 부르다가 1985년 한남대교로 변경되었다.

한남대교는 경부고속도로를 이용하여 서울 도심으로 진입하는 관문으로 이 일대의 교통량 증가로 1996년 12월 확장 및 성능 개선 공사를 시작하였다. 2005년 왕복 12차로 교량으로 확장 개통되어 한남대교 남측의 지체 현상을 방지하고 고속화 도로의 기능까지 수행할 수 있게 되었다.

1월의
모든 역사

1월 20일

■
■
■

—

1944년 1월 20일

한국인 학병 강제 징집을 시작하다

—

"이번 지원 병제의 발표는 세계적인 감격을 일으켜 반도 학도들 한
사람 한 사람의 가슴 속에 광명을 던져 주었다. 반도는 물론 내지에
재학하는 학도도 제국을 위하여, 대동아 건설을 위하여 누구나 총
칼을 잡고 나서겠노라는 열의에 차 있어 실로 큰 성과를 거두게 되
었다.

나는 원컨대 입영까지 유종의 미를 거두도록 건전한 신체와 열렬
한 순국의 결의로 매진하여 미·영 격멸의 용사로서 황군이 된 참
정신을 발휘하는 가운데 잘 싸워 주기 바라는 바이다."

「오직 감격할 뿐」 최남선

1930년대 말부터 일제의 인적 수탈은 극성을 부리기 시작했다. 원래 일제는 만주 사변 때부터 병력의 부족을 느껴 조선인에게도 총을 쥐어 주는 문제를 검토하였지만 반일 정신이 강한 그들이 자칫 총구를 일본으로 돌릴 수 있는 위험성 때문에 시행하지 못했다. 그러나 1937년 중일 전쟁이 터진 이후 병력의 필요성이 급증하자 그러한 위험 부담은 뒷전으로 물러났다. 그들에게 식민지 조선의 청년들은 부족한 노동력을 메우고 전쟁터의 병사로 활용하는 데 아주 요긴한 자원이었다.

그리하여 1938년 2월 이른바 '육군 특별 지원령'이 내려졌다. 이 명령에 근거하여 그해 4월 10일 처음으로 400명이 모집되었는데 총독부는 지원자가 2,673명이라고 발표했다. 그러나 이것은 지원이라는 탈을 쓰고 행해진 사실상의 강제 징병이었다.

지원병 제도는 단순히 전쟁터에 필요한 병사를 보충하는 게 아니었다. 근본적인 목적은 조선 민족을 가급적 빨리 충실한 황국 신민으로 만들어 일왕을 도울 수 있는 존재로 만드는 데 있었다. 이를 위해 조선 총독부는 지원병 훈련소를 설치하였다. 그리고 여기에서 일상적인 군사 훈련과 더불어 황국 신민으로 만들기 위한 정신 교육을 실시했다.

1941년 12월 일본이 미국의 진주만을 기습하면서 태평양 전쟁이 발발하였다. 점차 전세가 불리해지자 일본은 지원제만으로는 전력 보강에 한계를 느꼈다. 그리하여 1944년 1월 20일 전면적인 징병제를 실시하기에 이르렀다. 이때 징병 대상자의 90%가 넘는 22만여 명이 신체검사를 받고 전쟁터로 끌려갔다.

이에 앞서 일제는 1943년 10월 20일 육군 특별 지원병 임시 채용 규칙을 공포하였다. 바로 이것이 '학도병 지원병제'로 조선의 대학생 및 졸업생에게 군대 지원을 명령한 것이었다. 하지만 학생들의 지원 상황은 극히 부진했다. 명분 없는 전쟁에 총알받이로 희생되는 것을 누구도 환영하지 않았으며 지원을 기피하는 것 자체가 사실은 일제에 대한 작은 저항이기도 했다.

이에 당황한 일제는 학생들의 고향까지 찾아다니며 부모를 협박하는 방식으로 지원을 강요하였다. 그래도 지원하지 않는 학생은 휴학 처분 시켜 공장, 광산 등의 노동자로 징용하겠다고 위협하였다. 아울러 친일 부역자들에게 학도병을 권유하는 강연을 시키는 등 갖가지 지원을 독려하였다.「조선의 학도여」라는 이광수의 시도 이러한 배경에서 나왔다.

그대는 벌써 지원하였는가
- 특별 지원병을
내일 지원 하려는가
- 특별 지원병을

공부야 언제나 못하리
다른 일이야 이따가도 하지마는
전쟁은 당장이로세
만사는 승리를 얻은 다음날 일

(후략)

이렇게 물불 가리지 않는 일제의 공작으로 전국에서 수천 명이 억지로 입대하였다. 이날 입대하는 학병들을 위하여 해당 지역의 군수, 서장, 지방의 유지 등이 축사를 하였다고 한다. 그러나 그것은 축사가 아

니라 이 땅의 젊은이들을 사지에 밀어 넣는 조사弔辭였다. 이후에도 일
제는 권유가 아닌 협박과 체포, 연행 등의 수단으로 학병들을 강제로
지원케 하였다.

　이렇게 일제의 침략 전쟁에 강제로 동원된 많은 수의 학병들은 전쟁
터에서 꽃다운 나이에 청춘을 마감했다. 그러나 중국으로 배치되었던
학병 중에는 임시정부로 탈출하거나 광복군에 편입되어 독립운동에 헌
신하는 경우도 많았는데 김준엽과 장준하가 그 대표적인 인물이었다.

—

1923년 1월 20일

조선 물산 장려회 창설

—

　1923년 1월 20일 유진태 · 이종린 · 백관수 등 20여 단체의 대표들이
모여 조선 물산 장려회를 조직하였다. 물산 장려 운동은 처음 평양에서
김동원 · 조만식 · 오윤선 등이 중심이 되어 민족 자본을 육성하고 경제
적 자립을 이루고자 시작된 것이다. 이 운동은 청년회 · 부인 · 소년단
등이 호응하여 전국적 민족 운동으로 번져 나갔다. 각 지방에 분회를
설치하고 강연회를 개최하였으며 국산품 애용 가두 계몽 운동과 기관
지 발행 등을 통해 전개하였다.

　그러나 이 운동은 조선인에게는 열렬한 호응을 얻었으나 토산품 가
격의 폭등으로 서민들이 손해를 보는 부작용도 발생하였다. 사회주의
자들은 유산 계급을 옹호하는 운동이라고 비판하기도 하였다. 조선 물
산 장려회는 조만식 · 명제세 · 김성준 등이 10년여 동안 이끌었다. 하
지만 1934년부터 재정난을 겪기 시작하면서 일제의 탄압으로 1940년

총독부에 의해 강제 해산되었다.

1988년 1월 20일
미국, 북한을 테러 지원 국가로 지정

1988년 1월 20일 미국은 김현희 등 북한 공작원들에 의한 대한항공기 폭파 사건을 이유로 북한을 테러 지원 국가로 지정했다. 그리고 교역과 방산물자 판매, 수출입 은행의 보증 금지, 국제 금융 기구의 차관 공여 표결 시 반대 등 제재 조치를 단행할 것이라고 발표했다. 또한 미 국무부는 2003년 4월 30일 북한을 비롯한 쿠바 · 이란 · 이라크 · 리비아 · 수단 · 시리아 등 7개국을 테러 지원국으로 재지정하였다.

2009년 1월 20일
용산 철거민 진압 참사

2009년 1월 20일 서울특별시 용산의 남일당 건물 옥상에서 점거 농성을 벌이던 세입자와 전국철거민연합회 회원, 경찰, 용역 직원 간의 충돌이 벌어진 가운데 화재가 발생해 6명이 숨지고 24명이 부상한 사건이다.

그 전날인 1월 19일 오전 5시 33분 용산 4구역 철거민과 전국 철거민 연합회 회원 등 약 30여 명은 남일당 상가 건물 옥상을 점거하였다. 경찰은 농성 시작 하루 만인 20일 오전 5시 30분쯤 전경 2개 중대 180

여 명을 동원해 상가 건물을 포위한 뒤 '철수하지 않으면 강제 해산하 겠다'는 내용의 경고 방송을 했다.

이에 철거민들은 발밑 도로에 있는 전경과 컨테이너에서 내린 특공 대를 향해 화염병을 던지며 격렬하게 저항했다. 이 과정에서 철거민들 이 옥상에 쌓아둔 시너통 수십 개에 불이 붙어 폭발음과 함께 삽시간에 옥상이 불길에 휩싸여 철거민 5명과 경찰 1명이 숨지고 24명이 부상당 했다. 인명 참사로 이어진 서울 용산 재개발 철거민들의 농성은 철거민 과 조합 간의 보상비 갈등이 직접적인 원인이었다.

—

1986년 1월 20일

현대자동차 포니, 첫 대미 수출

—

1986년 1월 20일 한국산 자동차가 처음으로 세계 시장을 향해 도전장 을 던졌다. 이날 현대자동차가 수출 전략형으로 개발한 포니 엑셀 5도어 1,050대가 울산 부두에 선적되었다. 1986년 처음 미국에 수출된 엑셀은 첫 해에 20만 3천대를 팔아 당시 소형 수입차 시장에서 강세를 보이던 일본을 누르고 시장 점유율 1위를 차지하는 기염을 토했다.

1월의
모든 역사

1월 21일

1968년 1월 21일

북한 무장 게릴라 31명, 청와대 기습

1968년 1월 21일 북한 124군 소속의 무장 게릴라 31명이 청와대를 습격하기 위해 서울에 잠입하였다. 이들은 서울 청운동 세검정 고개의 자하문 일대에서 불심 검문을 받아 정체가 탄로 나자 갑자기 총격을 가하였다.

그러나 군과 경찰의 합동 작전으로 대부분 사살되었으며 유일하게 김신조가 생포되었다. 북한 무장 게릴라가 청와대 근처까지 침투했다는 사실에 정부는 깜짝 놀라 부랴부랴 향토 예비군을 창설해 후방을 방위하도록 하였다.

　북한산은 서울의 아늑한 벗으로 휴일이면 늘 인파로 북적거린다. 그러나 1990년대만 해도 북한산의 절반은 꽉 닫혀 있었다. 그 절반은 푸른 복장의 군인들이 언제나 실탄을 장전한 총을 메고 어슬렁거렸다. 왜 그랬을까? 정부는 왜 북한산을 수도 시민들에게 온전하게 개방하지 않았을까? 그 해답은 비봉능선의 사모 바위에 숨어 있다. 그 바위 맞은편에는 본래 건물이 하나 있었는데 바로 군인들이 주둔하던 부대 막사였다. 지금은 황성 옛터처럼 그 흔적만이 남아 당시의 상황을 간신히 대변하고 있을 뿐이다.

　사모 바위는 일명 '김신조 바위'로 불린다. 김신조는 북한의 청와대 기습 사건 때 유일하게 생포되었던 인물이다. 그의 일행이 이곳 사모 바위에서 묵었다고 하여 새롭게 '김신조 바위'라는 이름이 붙었던 것이다. 이 바위에서 능선을 타고 조금만 아래로 내려가면 비봉이 나온다. 그 유명한 '북한산 진흥왕 순수비'가 서 있던 자리다.

　김신조 일당의 청와대 기습을 계기로 그들이 통과했던 북한산은 이후 삼엄한 경계가 펼쳐졌다. 민간인의 출입도 부분적으로 통제되어 1990년대 초반까지 북한산은 시민들의 온전한 발길을 허락하지 않았다.

　흔히 '1 · 21 사태'로 불리는 북한의 청와대 기습 사건은 북한의 특수부대인 124군 소속의 무장 게릴라 31명이 한국군의 복장과 수류탄 및 기관총으로 무장하고 서울까지 침투한 사건이었다. 게릴라 특수 훈련을 받은 이들은 1월 18일 자정을 기하여 절단기로 철조망을 끊고 군사 분계선을 돌파하였다. 그들은 서부 전선 미군 지역과 법원리의 삼봉산 등지에서 숙영을 하고 20일 앵무봉을 거쳐 드디어 비봉 능선에 도달했다.

　1월 21일 밤 10시경 이들은 개인 장구를 챙겨 눈 덮인 산길을 타고 조용히 세검정 고개로 내려왔다. 한국군의 군복을 입긴 했으나 농구화를 신은 모습은 어딘지 모르게 어색했다. 곧 김신조 일행은 자하문 초소에서 비상근무 중이던 경찰의 불심 검문에 걸리자 "신분을 알고 싶으면 우리 부대로 따라와라."라며 자못 경찰을 위협했다.

결국 정체가 탄로 난 이들은 검문 경찰들에게 자동 소총을 발사하고 수류탄을 던졌다. 이에 현장을 지휘하던 최규식 종로 경찰서장이 총탄에 맞아 그 자리에서 숨졌다. 마침 그곳을 지나던 시내버스도 공격을 받아 무고한 시민들이 애꿎게 죽거나 다쳤다. 마른하늘에 날벼락이 따로 없었다. 이들은 자신들의 계획이 수포로 돌아가자 뿔뿔이 흩어져 도주하였고 한 시민은 도주한 게릴라와 격투를 벌이다 총격으로 사망하는 등 5명의 민간인이 살해되었다.

군과 경찰은 즉시 비상경계에 들어가 이들에 대한 소탕 작전에 나섰다. 31일까지 수색 작전을 펼친 끝에 28명을 사살하고 자하문 밖 인왕산 기슭에서 김신조를 생포하였다. 그러나 나머지 두 명은 북한으로 도주한 것으로 간주하고 작전을 종료하였다. 생포된 김신조는 그동안 북한의 허위 선전에 속아 살아왔음을 깨닫고 남한에 귀순하였다.

김신조가 밝힌 바에 따르면 청와대 기습 계획은 아주 치밀했다. 첫째, 습격 시간은 밤 8시이며 당일로 복귀한다. 습격은 3~4분 내에 신속히 완료하며 증원군의 추격을 받지 않도록 한다. 둘째, 습격 전날 북악산 근처에 묵으면서 청와대를 관측하고 정찰한다. 셋째, 전원 사복 차림으로 취객을 가장하여 대원끼리 시비를 벌이다 기회를 봐서 청와대 초소를 습격한다. 넷째, 제1조는 청와대 2층을 기습하고 제2조는 청사 1층, 제3조는 경호실, 제4조는 비서실, 제5조는 정문을 필두로 보초들을 살해하고 운전조는 차량을 탈취하여 탈출을 준비한다. 다섯째, 작전이 종결되는 즉시 분승하여 문산 방면으로 도주하여 그날로 복귀한다.

195

비록 이들이 세검정 일대에서 저지를 받아 기습 작전은 실패했지만 청와대 바로 턱밑까지 침투했다는 것은 충격적인 일이었다. 이 때문에 정부는 북한의 비정규전에 대비하기 위해 부랴부랴 향토 예비군을 창설하고 방위 산업을 서둘러 추진하였다. 또한 250km에 이르는 휴전선의 전 구간에는 철책이 구축되었다. 북한은 처음에 이 사건을 부인했지만 1970년대 남북 대화가 진행되자 극렬 좌경분자의 소행이었다고 한 발 물러섰다.

북한의 이런 극단적인 행동은 남한에서의 지하 사업이 모두 실패로 돌아간 것에 따른 초조감의 반영이라고 볼 수 있다. 이 사건은 문제가 심각하여 자칫 한반도를 전쟁의 구렁텅이로 밀어 넣을 수도 있었으나 다행히 최악의 위기는 모면하였다. 그러나 그 후에도 북한의 모험주의는 쉽게 수그러들지 않았다.

1919년 1월 21일

고종, 덕수궁에서 승하

1919년 1월 21일 제26대 고종 임금이 덕수궁에서 쓸쓸히 죽음을 맞이하였다. 그는 한말 격동기에 12세의 어린 나이로 임금의 자리에 올라 풍전등화와 같은 조국의 운명을 온몸으로 감싸 안아야 했다. 재위 10년 동안 흥선 대원군이 섭정하였으며 친정 이후에는 명성황후와 그 척족이 정권을 장악하여 마음대로 뜻을 펼쳐볼 틈조차 없었다.

1876년에는 근대화에 대한 아무런 준비도 없이 정세에 떠밀려 일본과 불평등 조약인 강화도 조약을 체결하였으며 구미 열강과도 차례로 조약을 맺어 개화의 바람을 거세게 맞았다. 이후 고종은 개화에 대한 의지를 가지고 신사 유람단을 일본에 파견하여 근대 문물을 견학하게 하는 등 노력을 기울였으나 천천히 배우고 적용하기에 조선의 상황은 너무 급박하게 돌아갔다.

1895년 8월 명성황후가 일본 공사 미우라 고로가 고용한 자객에 의해 살해당하는 비운 앞에서 고종은 힘없는 나라의 설움을 뼛 속 깊이 느꼈다. 그리하여 그는 러시아의 힘을 빌려서라도 일본의 간섭을 극복해 보려고 1896년 2월 러시아 공사관으로 피신하였다(아관파천). 그러나 러시아도 결국 일개 열강일 뿐임을 알고 다시 환궁하였다.

고종은 1897년 국호를 대한제국이라 칭하고 황제에 즉위하여 만천하에 독립국임을 선포하며 나라를 되살려 내려고 노력하였다. 그러나 광무 8년(1904) 러일 전쟁에서 승리한 일본의 압력으로 제1차 한일 협약과 을사조약이 체결되어 경찰 치안권과 외교권을 모두 일본에 빼앗김으로써 국가 존망의 위기를 맞았다. 1906년 2월 일본이 통감부를 설치하여 본격적인 대행 정치 체제를 갖추자 1907년 헤이그에 밀사를 파견하여 일제의 침략 야욕을 세계만방에 알리려 하였으나 실패하고 결국 일본의 협박에 의해 순종에게 양위하고 말았다.

고종은 퇴위 후 덕수궁에서 만년을 보내다가 영친왕의 결혼을 며칠 앞두고 죽음을 맞이하였다. 이후 고종이 일본인에게 독살되었다는 소문이 퍼져 나갔고 고종의 장례식을 계기로 3 · 1 만세 운동이 전국적으로 폭발하였다. 고종의 재위 44년은 실로 민족의 격동기였으며 양위 3년 후인 1910년에는 나라를 빼앗기는 비운을 맞이하였다.

1516년 1월 21일

주자도감 설치

중종 11년(1516) 1월 21일 주자도감이 설치되었다. 조선 시대 관주 인쇄술은 세종조의 갑인자에 이르러 고도로 발전하였는데 오래 사용하 자 마모되거나 없어진 글자가 많아 새로운 활자를 주조하게 된 것이었 다. 바탕 글자는 중국의 『자치통감』에서 가늘고 크기가 적절한 글자 모 양을 골라 사용하였다. 4월에는 업무를 맡아보았던 낭관들에게 논공행 상까지 하며 활자의 주조에 심혈을 기울였으나 5월에 심한 가뭄으로 그만 주자도감이 혁파되고 말았다. 이때 주성된 것을 '병자자'라 하나 활자의 수량은 알 수 없다.

2011년 1월 21일

소말리아 피랍 선원 구출

2011년 1월 21일 소말리아 해적에게 납치됐던 삼호주얼리호가 7일 만에 우리 해군의 구출 작전으로 풀려났다.

삼호주얼리호는 1월 15일 아랍 에미리트에서 스리랑카로 향하던 중 해적들의 습격을 받았으며 피랍 후 소말리아로 이송되고 있었다. 이후 우리 정부는 피랍 지점에서 2,000km 떨어진 아덴 만에서 활동 중이던 최영함을 급파해 인질 구출 작전에 나섰다. 군이 '아덴만의 여명'이라 명명한 이 작전은 소말리아 아덴 만 해역의 여명 시간에 맞춰 이루어졌다. 현지 시각 오전 4시 58분부터 9시 56분(우리 시각 오후 2시 56분)까지 진행된 작전은 최영함의 위협 함포 사격과 링스 헬기의 엄호 사격 아래 진행되었다.

1월 21일 합동참모본부는 오전 9시 56분경 소말리아 해적 13명을 제압하고 우리 선원 8명을 포함하여 21명의 선원 전원을 구출했다고 밝혔다. 이 과정에서 해적 5명을 생포하고 8명을 사살했다. 우리 선원 1명이 부상을 입었는데, 그는 삼호주얼리호 선장이었다.

이 구출 작전은 그동안 해적들에게 거액을 지불하고 인질을 석방시켰던 것과 달리 군사력을 투입한 첫 구출 작전이라는 점에서 의미가 있다.

1901년 1월 21일

소설가 최서해 출생

신경향파 문학의 기수로 각광받았던 최서해는 1901년 1월 21일 함경북도 성진에서 태어났다. 그는 불우한 어린 시절을 보냈는데 이때 체험한 궁핍한 생활은 작품의 밑바탕이 되었다. 자전적 소설인 『탈출기』는 간결하고 직선적인 문체로 부조리한 현실에 대한 저항을 다루고 있어 1920년대 우리 민족의 비참한 삶을 묘사한 빈궁 문학의 대표작으로 꼽힌다.

1월의
모든 역사

1월 22일

■
■
■

—

1972년 1월 22일

동국정운 원본 전 6권을 발견하다

—

운서韻書는 원래 중국에서 발달했다. 중국은 워낙 지역이 넓다 보니 방언차가 심해 표준으로 삼을 한자음이 필요했기 때문이다.

세종이 한글을 창제한 후에는 정확한 한자 발음을 우리의 글자로 표기한 운서가 출간되었다. 동국정운이 바로 그것이다.

이 책은 오래도록 실종된 것으로 알려져 있다가 일제 강점기에 안동에서 일부가 발견되었다. 나머지 부분이 발견되지 않아 늘 안타까워했는데, 1972년 1월 22일 강릉에서 드디어 완본이 나타난 것이다.

우리 문화재의 지킴이로 평생을 살다간 간송 전형필이 한림서림을 운영하던 1940년쯤의 일이었다. 조선 총독부에 근무하고 있던 모씨가 고향인 안동에 갔다가 우연히 『훈민정음』 원본을 발견하게 되었다. 그는 급히 서울로 올라와 한림서림의 고객이었던 김태준에게 이 사실을 알렸다. 어문학에 조예가 깊었던 김태준은 이것이 진본임을 확인하고 사들이고자 하였으나 돈이 부족하였다. 한남서림의 직원이던 이지광이 이 소식을 간송에게 전했고 간송은 지체 없이 안동에 사람을 보내 『훈민정음』 원본을 입수하였는데 운 좋게도 이때 『동국정운』도 함께 입수하게 되었다.

그러나 간송이 안동에서 수집한 『동국정운』은 1권과 6권만이 발견되고 중간에 네 권이 빠져 이 분야를 연구하는 데 지장이 많았다. 이 문제는 30여 년의 세월을 기다린 끝에 해결되었는데 1972년 강릉 심교만의 집에서 여섯 권 완질이 발견되었던 것이다. 이것은 조선 중종 때의 문신인 어촌 심언광 때부터 대대로 집안에 전해온 것이었다. 이 또한 국보로 지정되었고 현재는 건국대학교 박물관에 소장되어 있다.

『동국정운』은 중국 명나라의 운서인 『홍무정운』에 대칭되는 것으로 '우리나라의 올바른 음'이라는 뜻이다. 이것은 당시 혼란스럽던 우리나라의 한자음을 바로잡아 통일된 표준음을 설정하려는 목적으로 편찬되었다. 물론 국내에 중국 운서가 유통되지 않은 것은 아니었다. 그러나 이것은 어디까지나 중국어의 한자음 체계를 표시하는 것이었다.

우리에게 전래된 한자음은 차츰 우리 발음에 동화되었으므로 중국 본토 음과는 거리가 멀었고 중국 운서로는 이미 이 땅에서 굳어진 한자음과 부합하기 힘들었다. 훈민정음이 창제되자 조선의 한자음에 부합될 수 있는 조선 운서의 편찬이 시도되었으니 이것이 바로 『동국정운』

이었다.

『동국정운』이 언제부터 편찬되었는지는 정확하게 알 수 없지만 세종의 운서 편찬 사업의 일환으로 진행된 것만은 분명하다. 세종은 훈민정음을 완성한 후 원나라의 웅충이 개찬한 『운회』를 번역하여 훈민정음으로 기록하게 하였다. 내용상 『운회』의 번역본이 『동국정운』으로 탈바꿈 되었을 가능성이 크다. 『운회』의 반절 음을 우리나라 음으로 번역하여 훈민정음의 초성 순서대로 글자를 새롭게 배열한 것이 『동국정운』이라는 것이다. 이 때문에 훈민정음의 창제 원리 및 배경의 연구에는 『동국정운』이 절대적으로 필요하다.

『동국정운』은 신숙주와 성삼문 등이 참여하여 1447년에 완성되었고 이듬해 10월 간행되었다. 신숙주는 서문에서 세종이 지시한 4대 기본 방침에 의거하여 『동국정운』이 편찬되었음을 밝히고 있다. 첫째는 민간에 쓰이는 관습을 널리 채택할 것, 둘째는 예로부터 전하는 서적들을 널리 참고할 것, 셋째는 한 글자가 여러 음으로 사용될 때에는 가장 널리 쓰이는 것을 기준으로 할 것, 넷째는 어떤 음운의 글자가 때로는 다른 음운과 통용될 때에는 예로부터 전해 오는 것에서 벗어나지 않도록 할 것 등이었다. 이 방침에 따라 91운 23자모의 체계가 세워졌다.

그러나 『동국정운』은 중국의 『홍무정운』에 나타난 원칙에 너무 충실하다 보니 우리의 현실과 맞지 않는 부분도 있었다. 하지만 최초로 한자음을 우리의 음으로 표기하였다는 점에서 큰 의의를 가지고 있다. 또한 『훈민정음』과 더불어 국어 연구에서 빼놓을 수 없는 자료로 평가된다. 『동국정운』은 중국 발음을 한글로 옮기는 작업이었고 『훈민정음』은 우리말을 한글로 옮기는 작업이었기 때문이다.

간송 미술관 소장의 『동국정운』은 1958년 통문관에서, 건국대 박물관 소장본은 1973년 건국대학교 출판부에서 영인하여 출판된 바 있다.

—

1923년 1월 22일

김상옥 열사 자결

—

종로 경찰서에 폭탄을 투척했던 김상옥 열사가 1월 22일 자결하고 말았다.

김상옥 열사는 폭탄을 투척한 후 매부 고봉근의 집에 숨어 있었다. 일본 경찰은 사건 발생 닷새 만에 겨우 김상옥을 주범으로 파악하고 추격에 나섰다. 종로 경찰서 우메다와 이마세 두 경부는 1월 17일 새벽 20여 명의 무장 경찰을 지휘하여 고봉근의 집을 포위하였다. 곧이어 격렬한 총격전이 벌어졌다. 김 열사는 형사부장 다무라를 사살하고 비호같이 눈길을 내달아 남산으로 향했다. 이후 19일에는 삼엄한 경계망을 비웃듯 효제동 이혜수의 집에 은신하였다.

그러나 동지 전우진이 수사망에 걸려들어 고문을 당한 끝에 은신처가 밝혀지고 말았다. 일본 경찰은 대대적인 비상령을 내리고 효제동을 겹겹이 포위하였다. 김 열사는 혼자서 양손에 권총을 들고 2, 3호의 가옥을 타고 넘으며 일경 10여 명을 살상하였으나 중과부적이었다. 이에 김 열사는 마지막 남은 탄환 한 발을 가슴에 겨누고 자결함으로써 장렬히 순국하였으며 1962년 건국훈장 대통령장에 추서되었다.

* 1923년 1월 12일 '김상옥, 종로 경찰서에 폭탄 투척' 참조

2011년 1월 22일

소설가 박완서 별세

2011년 1월 22일 끊임없이 치유와 위로의 글쓰기로 세상의 아픔과 자신의 상처를 보듬어온 한국 문학계의 큰 별이 졌다. 박완서는 1931년 경기도 개풍에서 태어났다. 그녀는 세 살 때 아버지를 여의고 서울에서 조부모의 손에 자랐다.

1950년 서울대학교 국문학과에 입학하였으나 그해 6·25 전쟁이 발발하면서 중퇴했고, 전쟁으로 숙부와 오빠를 잃는 등 전쟁의 참상을 온몸으로 겪게 되었다.

그녀는 1970년 『여성동아』 여류 장편 소설 공모전에 『나목裸木』이 당선되면서 등단했다. 그 당시 그녀는 다섯 아이를 둔 주부였는데 『나목』은 전쟁 중 PX에서 미군 병사들을 대상으로 손수건에 초상화를 그려주던 박수근을 모델로 한 작품이다. 이후 한국 전쟁과 분단 문제에 천착하였고 여성 억압에 대한 현실 비판적인 작품들을 발표했다. 그녀에게 전쟁은 평생 잊을 수 없는 상처로 남았으며 그녀가 문학을 하게 된 이유이기도 했다.

1980년대에는 『살아 있는 날의 시작』『서 있는 여자』『그대 아직도 꿈꾸고 있는가』 등의 장편 소설에서 여성 억압을 다루며 이후 여성 문학의 대표적인 작가로 주목받았다. 1988년 남편과 아들을 연이어 잃는 큰 슬픔을 겪은 뒤에는 『나의 가장 나종 지니인 것』『그 산이 정말 거기 있었을까』『너무도 쓸쓸한 당신』 등의 자전적인 소설을 통해 삶을 관조적으로 바라보기도 하였다. 2000년대 『그 남자네 집』『잃어버린 여행

가방』『친절한 복희 씨』『세 가지 소원』『호미』『이 세상에 태어나길 참 잘했다』 등의 작품에서는 오랜 연륜과 성찰에서 나오는 따뜻한 사유를 엿볼 수 있다.

그녀는 식지 않는 창작의 열정을 보였지만 2010년 가을 담낭암 진단을 받고 치료를 받다 병세가 악화돼 결국 이듬해 1월 22일 새벽 세상을 떠났다.

—

1926년 1월 22일

독립운동가 노백린 순국

—

1926년 1월 22일 조국의 광복 투쟁에 열정을 바치던 노백린이 망국의 울분을 간직한 채 상하이에서 순국하였다. 노백린은 1907년 이동녕 · 안창호 등과 신민회를 조직하여 애국 계몽 운동에 참여했다. 3 · 1 운동 후에는 상하이에서 대한민국 임시정부의 군무총장을 맡으며 독립운동에 힘쓰다 쓸쓸히 병사하였다.

1월의
모든 역사

1월 23일

■
■
■

662년 1월 23일

고구려 연개소문, 당나라 군대 대파하다

당나라 좌효위장군 방효태가 영남의 수군을 이끌고 사수에 진을
쳤다. 고구려 연개소문이 이를 맞아 공격하니 방효태가 대패했다.
혹자가 포위망을 뚫고 유백영이나 조계숙의 진영으로 달아나기를
권하였다. 이에 방효태가 말하였다.
"내가 양대를 섬겨 과분한 은혜를 입었으니 고구려를 멸망시키지
못한다면 반드시 돌아가지 않을 것이다. 유백영 등이 나를 어찌 구
원하겠는가? 또 내가 데리고 온 향리의 자제 5,000여 명이 이제 모
두 죽었는데 어찌 내 한 몸만 살아남기를 구하겠는가?"

『삼국사절요』 권 9

　642년 10월 연개소문은 평양성 남쪽 벌판에서 대규모 열병식을 거행하였다. 그는 대신 100여 명을 초청하여 이를 참관케 하고 주연을 베풀었다. 이것은 이미 치밀하게 계획된 시나리오였다. 한층 흥이 오르자 연개소문은 이들을 모두 죽이고 다시 왕궁으로 달려가 영류왕도 살해하였다. 그리고 영류왕의 조카를 보장으로 옹립하고 스스로 대막리지의 자리에 올랐다. 이 모든 일은 순식간에 이루어졌고 보장왕은 허울에 불과할 뿐 모든 실권은 연개소문에게 돌아갔다.

　7세기 중반의 고구려는 안팎으로 매우 긴박한 상황에 처해 있었다. 귀족들의 내분과 당나라의 위협은 나날이 증대되어 갔다. 당시 고구려는 왕권이 크게 위축되고 수상에 해당하는 대대로가 권력의 핵심으로 자리 잡고 있었다. 대대로의 임기는 3년으로 임기에 구속받지 않고 연임이 가능했다. 만약 교체할 때 서로가 승복하지 않으면 각자 무력을 동원하여 그 승리자가 대대로가 되었다. 이때 왕은 문을 닫고 스스로를 지킬 뿐 전혀 개입하지 않았다. 이를 통해 고구려 후기에는 대대로를 중심으로 하는 귀족 세력이 강성하였음을 알 수 있다.

　연개소문 집안도 이와 같은 귀족 가운데 하나로 그의 아버지 연태조는 대대로였다. 부친이 죽자 연개소문은 아버지를 이어 대대로의 직을 계승하려 하였다. 그러나 귀족들은 그의 성품이 잔인하고 포악함을 들어 반대하였다. 연개소문은 내심 분노가 치밀었지만 머리를 조아려 귀족들에게 사죄하고 간신히 동의를 받아 냈다. 그러나 처음부터 연개소문을 경계했던 영류왕과 귀족들은 천리장성 축조의 책임자로 그를 멀리 변방으로 내보내 견제하였다.

　한편 고구려는 당나라와 외교를 둘러싸고도 강경파와 온건파가 심각하게 대립하고 있었다. 처음에 당나라는 고구려와 화친을 도모했지만 중국을 통일하고 돌궐과 고창국을 멸망시키면서 고구려를 강하게 압박하였다. 고구려가 수나라와 싸워 승리한 것을 기념하는 경관을 허물라고 요구하기도 했다. 또한 진대덕을 파견하여 고구려의 지리와 방어 태세를 샅샅이 살피게 했다. 이것은 고구려를 침략하기 위한 사전 작업이었다.

연개소문은 이러한 당과 일전도 불사해야 한다는 강경파였다. 그러나 영류왕은 달랐다. 왕권의 강화를 도모해 온 그에게 당과의 전쟁은 모든 것을 허사로 만들 우려가 있기 때문이었다. 이에 온건파 귀족들과 연개소문을 죽이기로 모의하였다가 사전에 비밀이 누설되어 거꾸로 연개소문에게 몰살당했다.

보장왕 4년 당 태종은 연개소문의 시역을 문책한다며 육군과 수군을 동원하여 고구려를 침공하였다. 전쟁 초기에는 요동성이 함락되는 등 고구려의 타격이 컸다. 그러나 안시성에서 양만춘이 당을 격퇴시키면서 위기를 극복할 수 있었다. 이로써 당의 1차 원정은 실패로 돌아갔지만 당은 고구려 침략을 포기하지 않았다. 그들은 전략을 바꿔 적은 규모의 군사를 끊임없이 파견하여 고구려의 변경을 공격하였다. 피로한 기색이 보이면 그때 일격을 가해 무너뜨리겠다는 전략이었다. 660년 백제를 멸망시킨 당은 그 여세를 몰아 3년간 고구려를 집요하게 공격하였다.

662년 정월 당 고종은 방효태에게 수군 수만 명을 주어 고구려를 공격케 하였다. 연개소문은 이들이 평양 동쪽을 공격하기 위해 사수를 건널 것이라는 정보를 입수하였다. 그는 3만의 별동대를 조직해 미리 사수에 가서 당군을 기다렸다. 마침 겨울이라 강물도 얼어붙어 있었다. 연개소문은 662년 1월 23일 마침내 사수에서 당군을 격파하였고, 당나라의 방효태도 그의 아들 13명과 함께 불귀의 객이 되었다. 당나라는 이로 인해 한동안 고구려를 침략하지 못한 채 관망할 수밖에 없었다.

1989년 1월 23일

금강산 남북 공동 개발 의정서 체결

정주영 현대그룹 명예회장이 1989년 1월 23일 마침내 북한 측과 '금강산 남북 공동 개발 의정서'를 체결하였다.

정 회장은 북한의 조국평화통일위원회 위원장인 허담의 초청으로 국내 경제인 최초로 중국을 경유하여 북한을 방문했다. 열흘간 북한에 머무르면서 금강산 개발과 남북 교류 등을 논의한 끝에 이 의정서를 체결한 것이다. 또한 정 회장은 50여 년 만에 고향 통천을 방문하여 친척들을 만나 회포를 풀고 2월 2일 귀국했다. 하지만 이후 남북 관계가 1차 핵 위기 등으로 급격히 얼어붙으면서 정 회장은 오랜 꿈을 잠시 미뤄야 했다.

그에게 다시 기회가 온 것은 '햇볕 정책'을 내건 국민의 정부가 출범한 이후였다. 정 회장은 1998년 6월 16일 전 세계 언론의 주목을 받으며 500마리의 소떼를 끌고 판문점을 통과했다. 그는 어린 시절 소를 판 돈을 가지고 무작정 상경해 평생을 소처럼 성실하게 살았다. 그리고 현대라는 대기업을 일군 후, 소 500마리를 트럭에 싣고 판문점을 넘어갔던 것이다. 정 회장의 이런 모습에 대해 당시 프랑스의 세계적 문학 비평가인 기소르망은 '20세기 마지막 전위 예술'이라고 평했다. 7박 8일간의 방북을 마치고 판문점 평화의 집에서 가진 기자 회견에서 그는 금강산 관광 계획을 밝혔다. 이후 아들 정몽헌 회장과 함께 방북하여 김 정일 국방위원장을 만나 금강산 관광에 대한 계약을 매듭지었다.

11월 18일 마침내 역사적인 금강산 뱃길이 열려 금강산 사업은 순풍 에 돛을 달았다. 1999년 2월에는 현대그룹의 대북 사업을 총괄하기 위 해 현대아산이 설립됐다. 그러나 정 회장이 금강산 사업을 한창 진행하 던 2001년 3월 21일 사망함으로써 대북 사업의 막중한 책임은 아들 정 몽헌에게 돌아갔다. 정 회장의 대북 사업 추진과 방북으로 남북 정상 회 담의 물꼬가 트였으며 이산가족들은 서울과 평양을 오가며 상봉하게 되 었다.

━

1604년 1월 23일

서산대사 휴정 입적

━

1604년 1월 23일 승려 휴정이 묘향산 원적암에서 가부좌를 튼 채 입 적하였다. 우리에게 서산대사라는 이름으로 더 친숙한 그는 1520년 평 안도 안주에서 태어났다. 9세에 어머니를, 10세에 아버지를 잃고 고아 가 되어 한때 한양에서 공부하였으나 과거에 낙방하고 지리산에 들어 가 불법을 연구하다가 출가하였다. 1540년 일선 · 석희 스님을 모시고 계戒를 받았으며 1549년 승과에 급제하여 대선을 거쳐 선교양종판사가 되었다.

임진왜란이 일어나 선조가 황급히 의주로 피하자 서산대사는 묘향산 에서 내려와 임금을 뵙고 국란에 힘을 보탤 뜻을 전했다. 이에 선조는 크게 기뻐하고 73세의 노승을 팔도 선교도총섭으로 임명하였다. 서산

대사는 곧 관서 · 해서 · 양도 등지에서 승병 1,500명을 모집하여 명나
라 군대와 합세하여 평양을 탈환하였다. 제자 유정과 처영도 서산대사
를 따라 각각 관동에서 700명을, 호남에서 1,200명을 모아 기병하여 순
안 · 평양 등지에서 왜적을 토벌하였다. 선조는 그의 공로를 치하하여
정2품 당상관 작위를 하사하여 공덕을 치하했다.

그는 군직을 유정에게 물려주고 80세에 다시 산으로 돌아갔고 갑진
년 1월 23일 "내 의발을 해남 대흥사에 전하라."라고 말한 뒤 입적하였
다. 묘향산 안심사, 금강산 유점사에 부도가 섰으며 유물과 유적은 표
충사에 보관되어 있다. 표충사에는 서산대사의 제자 처영과 유정의 진
영도 안치되어 있다.

휴정의 선교관은 '선은 부처님의 마음이고 교는 부처님의 말씀이다'
라고 하여 선이 주가 되고 교는 종이 되어 깨달음에 나아간다고 보았
다. 그의 법맥은 중국 5가 7종 중의 한 종파인 임제종에 속하고 우리나
라 임제종조인 보우의 7대손이 된다. 휴정의 제자는 1천여 명에 이르
렀다 하는데 유정 · 언기 · 태능 · 일선은 휴정 문하의 4대파를 이루는
가장 뛰어난 제자들이었다. 저서로는 『청허당집』『선교결』『삼가귀감』
『선교석』『심법요초』등 다수가 있다.

1883년 1월 23일

한성부 내에 순경부 설치

1883년 1월 23일 박영효는 고종에게 한성부 내에 순경부, 즉 경찰국
을 설치할 것을 건의하였다. 박영효는 3차 수신사로 일본에 다녀온 후

한성판윤에 임명되었다. 그는 일본 경찰 제도와 치안 유지 기능을 보고 느낀 바가 있어 고종에게 신식 경찰 제도를 소개한 것이었다. 또한 박문국 · 치도국을 설치하여 신문 발간과 신식 경찰 제도의 도입, 도로 정비 사업, 유색 의복 장려 등의 개화 시책을 폈다.

그러나 민태호 · 김병시 등 수구파의 반대에 부딪혀 3국은 폐쇄되고 좌천되었다. 이후 그는 개화당 인사들과 일본에 접근하여 군사 지원을 확약받고 12월 갑신정변을 일으켜 친청 수구파를 숙청하고 혁신 내각을 수립하여 병권을 장악하였다. 그러나 청나라 군의 즉각적인 개입으로 정변이 3일 천하로 실패하자 일본으로 망명하였다.

1904년 1월 23일

대한제국, 국외 중립 선언

1904년 1월 23일 러일 전쟁이 목전에 와 있던 상황에서 대한제국이 중립을 선포하였다. 당시 친러 성향을 지녔던 대한제국은 일본이 러시아를 제압하고 주도권을 획득하기 위하여 전쟁을 준비하기 시작하자 사태의 다급함을 파악하고 국외 중립을 선언하여 전쟁의 피해를 피하고자 하였다.

그러나 일본군은 인천에 상륙하여 한양으로 진입하였고 일본의 선전 포고로 우리나라의 동해상에서 러일 전쟁은 시작되었다. 일본군은 한양을 점령한 후 대한제국을 위협하여 한일 의정서를 체결하였고 이후 일본의 주권 강탈 작업은 점점 더 빠르게 진행되었다.

1월의
모든 역사

1월 24일

■
■
■

1624년 1월 24일

이괄의 난이 일어나다

서울 양재역 근처에는 말죽거리라 불리던 곳이 있다. 이곳이 말죽거리로 불리게 된 데는 두 가지 설이 있는데 그중 하나가 1624년 1월 24일 일어난 '이괄의 난'과 관련된 것이다.

이괄의 군사가 도성을 압박하자 인조는 서둘러 남쪽으로 피난길을 떠나게 되었다. 마침 이곳을 지나게 되었는데 매우 허기와 갈증이 심했다고 한다. 이곳에 살던 유생 몇 명이 급히 팥죽을 쑤어 바쳤는데 인조는 말에서 내릴 겨를도 없이 말 위에서 그냥 죽을 떠먹고 길을 재촉했다고 한다. 이런 사연으로 이후 이곳은 '말죽거리'로 불리게 되었다고 한다.

이괄의 난으로 멀리 공주까지 피난 온 인조는 쌍수정 나무에 기대서서 초조하게 한양 쪽을 바라보고 있었다.

"아직도 소식이 없단 말이냐?"

인조는 주변의 신하에게 책망하듯 묻고 또 물었다. 드디어 산등성이 쪽에서 말발굽 소리가 들리고 얼마 후 말 탄 병사의 모습이 눈에 들어왔다. 한참 만에야 병사는 인조 앞에 무릎을 꿇고 아뢰었다.

"전하, 드디어 난이 평정되었습니다."

"열성조께서 도우사 무사히 반란의 무리들을 제거했구나."

인조는 우선 조상들께 감사드리고 자신이 기대고 서 있던 두 그루의 나무에 정3품 통훈대부를 하사하였다. 이후 두 그루의 나무가 모두 죽어 그곳의 자취를 찾을 수 없게 되자 영조 대에 이르러 관찰사 김수항이 쌍수정을 건립하여 이를 대신하게 되었다.

이괄은 인조반정의 혁혁한 공로자였다. 반정의 비밀이 누설되자 반정군의 대장을 맡기로 했던 김유는 망설였지만 이괄은 과감하게 군사를 움직였던 것이다. 그러나 반정이 성공한 후 논공행상에서 그는 예상 외로 밀렸다. 게다가 평안병사 겸 부원수에 좌천되어 외직으로 나가게 되었다. 이때 중앙의 서인들은 반정 뒤에도 아직 남아 있는 북인들을 이괄과 함께 모두 제거하려고 하였다.

1624년 1월 문회와 허통 등은 이괄 부자와 한명련 · 정충신 · 기자헌 등이 반역을 도모하고 있다고 밀고하였다. 인조는 역모 소식에 깜짝 놀랐지만 엄중한 조사 끝에 사실이 아님이 드러났다. 하지만 서인들은 밀고자 처형에 강하게 반발하고는 오히려 이괄을 부원수직에서 해임하고 중앙으로 호송해 국문을 실시하라고 목소리를 높였다.

인조는 이괄을 신임했지만 자신을 왕위에 올린 서인의 요구를 묵살하기도 어려웠다. 그리하여 이괄을 소환하는 대신 군중에 머무르던 아들 이전과 구성부사 한명련을 서울로 압송하는 것으로 절충하였다.

아들 이전을 잡으러 금부도사가 영변으로 내려온다는 소식에 이괄은 치밀어 오르는 분을 참을 수가 없었다. 이괄은 아들이 심문 중에 고문을 받아 거짓으로라도 모반죄를 시인하게 되면 그 칼끝은 반드시 자신의 목을 겨누게 될 것임을 알았다. 그렇다면 가만히 앉아서 죽음을 기다릴 수는 없었다. 결국 아들을 압송하러 내려온 금부도사와 선전관을 죽이고 반란을 일으켰다. 이괄의 난은 그의 누적된 불만보다는 서인들의 과도한 권력 다툼이 근본 원인이라고 할 수 있다.

이괄은 휘하의 병력 1만 명을 이끌고 평양을 피해 샛길로 곧장 한양을 향해 진격하였다. 항복한 왜병 출신 100여 명을 선봉으로 삼았던 반란군은 황주에서 처음으로 정충신이 지휘하는 진압군과 만났다. 그러나 관군을 대파하고 진군하여 평산과 임진강 나루에서 계속 승승장구하였다. 임진강 보루마저 무너지자 조정은 서둘러 공주로 피난을 떠났고 이괄의 아내와 동생 이돈을 능지처참했다.

한양에 입성한 반란군은 우선 선조의 아들 흥안군을 왕으로 옹립하고 각처에 방을 붙여 백성들이 생업에 충실할 것을 주문하였다. 하지만 축배를 들기는 너무 일렀다. 도원수 장만이 바로 이괄의 뒤를 쫓아 길마재에 진을 친 것이었다. 이괄은 이튿날 군대를 두 길로 나누어 이들을 공격했지만 참패했다. 이에 할 수 없이 패잔병을 이끌고 급히 한양을 빠져나가 이천에서 다시 군대를 수습하기로 하였다.

그러나 대세가 끝났다고 판단한 이괄의 부하들이 이괄의 목을 베어 관군에게 투항하고 말았다. 공주로 피난 갔던 인조는 다시 그리던 한양으로 돌아왔고 난은 평정되었지만 이괄이 지휘하던 변방의 주력 부대

가 상실된 것은 커다란 상처였다. 이것은 곧 닥쳐올 정묘호란의 한 원
인이 되었다.

—

1930년 1월 24일

김좌진 장군 암살

—

청산리 독립 전쟁을 승리로 이끈 김좌진 장군이 1903년 1월 24일 공
산주의자 박상실의 총에 맞아 사망하였다.

김좌진은 홍성의 부유한 명문 대가에서 태어났으며 광무 9년(1905)
한양에 올라와 육군 무관 학교에 입학하여 군사 훈련을 받았고 을사조
약 체결 이후에는 애국지사들과 교류하며 국운을 바로잡을 결심을 하
였다. 1907년에는 가산을 들여 고향에 호명학교를 세웠고 오성학교를
설립하여 교감을 역임하는 등 인재 교육에 힘썼다. 그는 만주에 독립군
무관 학교를 설립할 자금을 모집하다가 일본 경찰의 추적을 받게 되자
1918년 만주로 망명하였다.

1919년에는 대한정의단의 기반 위에 군정부를 조직하여 5분단 70여
개의 지회를 설치하였다. 이후 이 기관을 대한민국 임시정부 휘하의 '북
로 군정서'로 개편한 뒤 총사령관이 되어 1,600명 규모의 독립군을 훈
련시켰다. 또한 사관연성소를 설치하여 장교와 사병을 훈련시켰으며
무기 입수에도 힘써 기관총 7문으로 무장할 수 있었다. 이러한 노력에
힘입어 김좌진 휘하의 독립 정예군은 만주 일대에서 가장 막강한 군대
로 1920년 이후 10여 년간 본격적인 항일 전투를 전개하였다.

1920년 봉오동 전투에서 대패한 일본군은 간도 지방 불령선인不逞鮮

ㅅ 초토 계획을 수립하고 함경도 나남의 19사단을 주력으로 2만 5천명을 동원하여 청산리로 진격하였다. 이 계획을 탐지한 독립군은 백두산 접경 지역으로 이동하기 시작하였다. 1920년 10월 21일부터 26일까지 10여 차례의 전투가 치러졌으며 일본군 사상자는 3,300명에 이르렀다.

청산리 대첩은 봉오동 전투와 더불어 독립 전쟁 사상 가장 빛나는 승리를 기록하였다. 그 후 김좌진은 대한 독립군단을 결성하여 부총재에 취임하였으나 일본군의 격렬한 보복 작전의 전개로 1921년 러시아령 자유시로 이동하다가 이듬해 헤이허 사변으로 타격을 받고 다시 만주로 돌아왔다. 1925년 신민부를 창설하고 독립군 양성에 전념하다가 1930년 1월 24일 중동 철도선 산시역 부근 정미소에서 박상실의 총을 맞고 순국하였다.

1920년 1월 24일

군무부, 포고 제1호 발표

상하이 대한민국 임시정부 군무총장 노백린은 1920년 1월 24일 군무부 포고 제1호를 발표하여 '2,000만 동포가 일인일각까지 조직적으로 광복군이 될 것'을 호소하였다. 파리강화회의에서 독립을 호소하였으나 열강들의 이해관계로 효과를 거두지 못하자 상하이 임시정부는 군사 투쟁과 의열 투쟁이 필요하다고 생각하여 전 국민이 독립 투쟁에 나서도록 호소한 것이다.

1963년 1월 24일

남북 첫 체육 회담 개최

1963년 1월 24일 스위스 로잔에서 제18회 도쿄 올림픽 대회 단일팀 구성 논의를 위한 남북 첫 체육 회담이 열렸다. 이 회담은 남북한 올림픽 위원회와 국제 올림픽 위원회의 대표들이 참석한 가운데 이루어졌다. 양측은 이날 첫 회담 이후 13차례 이상 논의를 지속하였지만 이견을 좁히지 못하여 결국 결렬되고 말았다.

1월의
모든 역사

1월 25일

■
■
■

1395년 1월 25일

『고려국사』37권이 편찬되다

조선 건국 직후 정도전과 정총 등은 왕명을 받아 『고려국사』를 편찬하였다. 고려 멸망의 필연성과 조선 건국의 정당성을 강조하기 위해 편찬한 것이었다.

이 책은 고려 시대 전체의 역사를 처음으로 기술하고 유교 이념을 정립하고자 노력한 점이 눈에 띈다. 그러나 내용이 소략하고 인물 평가가 공정하지 못하며 과거의 칭호를 고쳐 쓴 점이 결점으로 지적되었다. 조선의 건국을 태조가 아닌 정도전 중심으로 서술한 것도 큰 시빗거리였다. 결국 개찬의 명이 내려와 이로부터 많은 굴곡을 거쳐 문종 대에 와서 『고려사』가 완성되었다.

　1997년 10월 1일 유네스코는 타슈켄트에서 『조선왕조실록』과 『훈민정음』을 세계 기록 유산에 등재시키기로 결정하였다. 이는 시간이 흐를수록 훼손되어 가는 뛰어난 문화유산들을 보존하기 위해 마련된 제도이다. 만일 『고려왕조실록』이 온전하게 남아 있었다면 그 또한 세계 문화유산으로 등록되지 않았을까. 이 책은 조선이 건국한 이후에도 춘추관에 잘 보관되어 있었는데 안타깝게도 임진왜란 때 소실되고 말았다. 이 때문에 우리는 지금 당대의 기록이 아닌 조선 시대에 편찬된 역사서를 통해 고려 시대를 들여다볼 수밖에 없다. 그것이 바로 『고려사』이다.

　태조 이성계는 아직 건국의 흥분도 채 가시기 전인 원년(1392) 10월, 정도전 등에게 명하여 고려사를 편찬케 하였다. 이렇게 서두른 이유는 고려사의 정리를 통해 조선 건국을 정당화시키기 위해서였다. 이것은 고려에 아직 미련을 갖고 있는 세력에 대한 일종의 이념적 공격이기도 했다. 정도전은 이제현과 민지 등의 저술을 참고하여 태조 4년인 1395년 1월 25일 드디어 편년체로 서술된 37권의 『고려국사』를 완성하였다. 하지만 정도전 등 건국 공신들의 주관이 너무 강하게 반영되었다는 비판을 받았다.

　이때 편찬된 『고려국사』는 전해지지 않는다. 다만 「고려국사서」「진고려국사전」 등을 통해 『고려국사』의 성격과 편찬 원칙을 대강 알 수 있을 뿐이다. 『고려국사』의 편찬 원칙은 첫째, 원종 이전의 사실 중 참의僭擬한 것은 개서한다는 점이다. 이 말은 원종 이전의 '종宗'이라고 칭한 왕의 묘호를 '王'으로 고치고, '절일節日'은 '생일生日', '조詔'는 '교敎', '짐朕'은 '여予'로 낮추어 쓴다는 것이다. 둘째, 재상의 임명은 그 직책이 중요하므로 기록한다. 셋째, 과거로 선비를 뽑았던 사실은 어진 인재를 구하는 것이므로 기록한다. 넷째, 상국上國의 사신이 왕래한 사실은 반드시 기록한다. 다섯째, 홍수와 가뭄은 작아도 기록한다. 이를 통해 후대의 군주들에게 정치적 교훈을 주려는 편찬자들의 유교적 성향을 읽을 수 있다.

『고려국사』가 비판을 받자 태종 대에 하륜이 개찬하였지만 그가 중간에 죽는 바람에 완결되지는 못했다. 세종은 『고려국사』가 공민왕 이후의 사건에 문제가 있음을 지적하고는 유관과 변계량에게 다시 쓰도록 하였다. 일단 세종 3년(1420)에 작업이 끝나 왕에게 올라왔지만 참칭의 개서가 문제였다. 세종은 5년에 유관과 윤회로 하여금 참칭한 용어라도 사실 그대로 적으라고 하였다. 이에 『고려왕조실록』과 일일이 대조하여 원본에 충실한 편찬물이 나왔다. 이것이 바로 『수교고려사』이다. 그러나 이 또한 참칭한 용어를 그대로 쓴 것에 변계량이 강력히 반대하는 바람에 반포가 중지되었다.

그 후 세종 24년에 신개와 권제 등에 의해 『고려사전문』이 완성되었다. 명칭에서 드러나듯 그간의 부족한 내용을 많이 보충하였다. 세종 30년에 책이 출간되었지만 교정 과정에서 심각한 문제가 발생해 반포가 금지되었다. 즉 권제가 자기 조상의 불미스런 일을 삭제하고 남의 청탁을 받아 내용을 고쳐 쓴 점이 드러난 것이다.

세종은 재위 31년 정월, 김종서와 정인지 등에게 고려사를 다시 개찬하도록 명하였다. 처음에는 내용의 보충과 왜곡의 시정이 목적이었지만 후에는 편년체에서 기전체로 서술 체제까지 바꾸게 되었다. 그리하여 2년 후인 문종 원년(1450)에 드디어 우리가 현재 알고 있는 『고려사』가 완성되었으나 세종은 이미 사망한 뒤였다. 태조 때 『고려국사』로 시작하여 길고 긴 여정 끝에 완성된 산물이었다.

『고려사』는 편찬자의 주관이 최대한 배제되는 등 객관성이 높다는 평가를 받고 있다. 그런데 사실을 그대로 옮겨 적는 직서주의를 원칙으로 하면서도 왕의 연표에서 그것을 적용하지 않은 것은 옥의 티라 할 수 있다. 원래 왕이 즉위한 해를 원년으로 칭했던 것은 우리의 전통적인 관례였다. 이것을 유교 명분에 어긋난다고 하여 그다음 해를 원년으로 칭했던 것이다.

이로 인해 『고려사』의 연대는 당시의 금석문이나 문집 기록과는 1년의 차이가 나게 되었다. 또한 『고려사』의 결정적인 문제점은 「불교지」나 「승려전」이 없다는 것이다. 이는 『고려사』 편찬자들이 자신들의 유교적 입장을 너무 철저히 역사 서술에 반영시킨 결과였다.

1886년 1월 25일
『한성주보』 첫 호 발행

『한성순보』가 폐간된 지 14개월 만인 1886년 1월 25일 조선 정부의 관보 『한성주보』가 다시 간행되었다. 조선 정부는 1883년 10월 역사상 처음으로 『한성순보』를 발행했으나 갑오경장으로 중단되었다. 이후 통리아문 독판 김윤식이 주동하여 먼저 수구파에 의해 불탄 박문국 건물을 교동에 짓고 박문국 총재에 김윤식, 부총재에 정헌시, 주필에 장박이 앉아 첫 호가 발행되었다.

『한성주보』는 일주일에 한 번씩 발행되어 『한성순보』에 비해 정보의 소통이 빨라졌다. 또한 국한문 혼용, 때로는 한글 기사를 실어 신문의 한글 사용의 시발점이 되었다. 『한성주보』 제4호부터 상업 광고를 실었다는 점에서도 크게 진보한 신문이었다. 『한성주보』는 국제 정세와 외국의 제도 · 문물 · 역사를 비롯하여 과학 · 지리 · 천문 등에 이르는 다양한 내용을 폭넓게 다루었다. 이는 신문 발간의 목적이 국민의 견문을 넓히고 국민을 교화하여 나라를 부강케 하고 외국의 침략을 막는 것이기 때문이었다.

『한성주보』는 개화에 커다란 자극제가 되었고 관리와 지식인들의 시야를 세계 무대로 넓히는 역할을 하였다. 그러나 누적된 적자 운영을 감당하지 못하고 1888년 7월 7일 창간 2년 6개월 만에 박문국의 폐쇄와 함께 폐간되었다.

1888년 1월 25일

독립운동가 지청천 출생

독립운동가 지청천은 1888년 1월 25일 서울에서 태어났다. 1913년 일본 육군 사관 학교를 졸업하고 보병 중위로 있다가 독립운동에 뜻을 품고 1919년 만주로 망명하였다. 김좌진 등과 신흥 무관 학교의 교관이 되어 독립군 간부를 양성하는 데 힘썼다. 청산리 대첩 후 대한 독립 군단을 조직하여 부사령관으로서 항일 투쟁에 전념하였다.

1930년에는 한국 독립당을 만드는 데 참여하여 군사 위원장이 되었으며 1940년 초대 한국 광복군 총사령이 되어 중국군과 힘을 합쳐 싸우는 등 광복군의 조직 발전에 크게 기여했다. 광복 후 제헌 국회의원과 제2대 국회의원을 지내는 등 활발히 활동하였다.

1월의
모든 역사

1월 26일

■
·
■

1962년 1월 26일

덕혜 옹주 환국

1962년 1월 26일 고종의 막내딸 덕혜 옹주가 일본에서 돌아왔다. 대한제국 공주의 환국은 그녀가 겪었던 비극적 삶만큼이나 쓸쓸하기 그지없었다.

덕혜 옹주는 고종과 복녕당 양씨 사이에서 태어났다. 고종의 막내아들 영왕이 일본에 볼모로 끌려가고 영왕의 생모 엄귀비가 죽은 후라 고종은 덕혜 옹주를 끔찍이 귀여워했다. 옹주가 7살 될 무렵 일본은 황실 전범을 고쳐 '조선의 황족은 황족이나 귀족과 결혼해야만 한다'는 규정을 만들어 조선 황실의 결혼은 일왕의 칙허가 있어야만 가능하게 만들었다. 이에 고종은 시종 김황진의 조카를 덕혜 옹주의 부마로 삼기로 하고 빠른 시일 내에 약혼시키려 하였다. 그러나 고종이 갑자기 세상을 떠나는 바람에 계획은 수포로 돌아가고 말았다.

덕혜 옹주는 자식이 없던 순종과 윤비의 따뜻한 보살핌을 받았으나 일제의 강요로 1925년 3월 25일 13세에 도쿄로 보내졌다. 일제는 일본에 머무르던 영왕의 집을 두고도 옹주를 혼자 지내게 하였다. 가족과 조국을 떠난 이후 옹주는 외로움과 불안으로 정신 질환인 조발성 치매증을 앓게 되었다. 게다가 1929년 5월 30일에는 생모마저 별세하였다. 덕혜 옹주는 이후에도 오랫동안 조발성 치매증으로 고생했다.

그러나 어느 정도 병세가 호전되자 일제는 1931년 5월 8일 덕혜 옹주를 대마도 번주의 아들 소 다케시와 강제로 결혼시켰다. 옹주는 딸을 출산하였지만 그동안의 시련으로 인해 우울증에 실어증까지 겹쳐 사람을 알아보지 못하는 지경에 이르렀다. 결국 그녀는 정신 병원에 입원하게 되었고 강제로 이혼당했다.

덕혜 옹주는 광복 이후 당시 이승만 대통령의 입국 거부로 고국으로 돌아오는 길도 쉽지 않았다. 결국 박정희 정권이 들어서고 나서야 덕혜 옹주는 일본으로 끌려간 지 38년 만에 귀국하게 되었다. 이후 실어증과 지병으로 고생하다가 1989년 4월 21일 낙선재에서 한 많은 인생을 마감하였다.

1965년 1월 26일
국군 공병단 베트남 파견 동의안 국회 통과

제47회 임시 국회는 1965년 1월 26일 국군 공병단의 베트남 파견 동의안을 가결하였다. 국군을 외국에 파견할 때에는 국회의 동의를 거쳐야 한다는 헌법 제56조 2항에 따른 절차였다. 의무 부대 파견 당시에는 국회에서 만장일치로 가결되었으나 국군 공병단 파견에 대하여 논란이 많았다. 비록 비전투 부대의 파견이기는 하나 전후방이 뚜렷하지 않은 베트남 전선에서 희생이 불가피할 것이라는 우려에서였다. 국회에서 표결에 부쳐진 결과 재적 의원 125명 중 106명의 찬성으로 가결되었으며 반대 11명, 기권 8명이었다.

파견 동의안이 국회를 통과하자 정부는 파견단 구성에 착수하였으며 '비둘기 부대'로 명명하였다. 비둘기 부대는 주로 전쟁 복구를 지원하는 비전투병으로 자체 경비 병력을 포함하여 공병 · 수송 · 통신 · 해군 등 2,000명 규모로 구성되었다.

—

1898년 1월 26일

한성 전기회사 설립

—

1898년 1월 26일 우리나라 최초의 전기회사인 한성 전기회사가 정부의 허가하에 설립되었다. 전등 설비에 각별히 관심을 가지고 있던 고종은 비밀리에 이근배·김두승을 설립 대리인으로 하고 한성판윤 이채연을 사장으로 하여 회사를 설립한 것이었다.

회사는 곧 한양 시내의 전등·전차·전화 사업 운영권을 허가받아 사업을 시작하였다. 그러나 당시 관료나 지식층은 회사의 관리와 운영에 대한 지식이 거의 없었다. 그리하여 얼마 후에는 위탁 경영을 맡았던 미국인 콜브란이 기술과 소유권 모두를 장악하게 되었다.

이로써 한성 전기회사를 통해 서구 첨단 기술을 도입하여 근대화된 교통 시설을 갖추고 상공업까지 진흥시키려 했던 고종의 기대는 수포로 돌아갔다.

—

2001년 1월 26일

재일 유학생 이수현 사망

—

2001년 1월 26일 한국인 유학생 이수현 씨가 선로에 떨어진 일본인 취객을 구하려다 사망하였다.

이수현은 1974년 울산에서 태어나 고려대학교 무역학과에 입학하였다. 1999년 7월 대학을 휴학하고 한일 교역 부문에서 확실한 일인자가 되고 싶다는 목표를 가지고 일본 유학길에 올랐다. 이듬해 1월 일본 도쿄에 있는 아까몽까이 일본어 학교에 입학하여 최상의 성적을 기록하였다.

2001년 1월 26일 오후 7시 15분경 이수현은 아르바이트를 마치고 신오쿠보 역에서 기숙사로 돌아가는 열차를 기다리던 중 술에 취한 승객이 반대편 선로로 추락하는 것을 목격했다. 즉시 선로에 몸을 던져 취객을 붙잡고 일으키려고 했지만 그 순간 전차가 진입하였고, 결국 전차에 치여 숨지고 말았다.

『아사히 신문』 등의 일본 언론은 술 취한 승객을 구하기 위해 자신의 목숨까지 던지며 살신성인의 정신을 보인 그를 의인이라 칭하며 추모했다. 유해는 1월 30일 김해공항에 도착했으며 4월 9일 부산 시립 영락공원 안에 있는 공동묘지에 안치되었다. 정부는 2001년 1월 31일 고인을 의사자로 선정하고 국민훈장을 수여했으며 고려대학교에서는 학교 최초로 명예 졸업장을 수여했다.

1월의
모든 역사

1월 27일

■
·
■

—

1883년 1월 27일

국기를 제정하고 전국에 반포하다

—

국기가 없던 조선은 일장기를 단 운요호를 포격했다고 항의하는
일본을 통해 국기의 개념을 깨닫기 시작했다. 그 후 황준헌의 『조
선책략』이 국내에 유입되면서 국기에 대한 본격적인 논의가 일어
났다.

타임머신을 타고 1970년대로 돌아갈 수 있다면 우리는 저녁 6시만 되면 길을 가던 사람들이 일제히 멈추어 서는 장면을 만날 수 있을 것이다. 이들은 음악이 흘러나오는 곳을 향해 너무도 진지한 자세로 가슴에 손을 얹는다.

지난 2002년 한일 월드컵은 서울의 거리를 온통 태극기의 물결로 뒤덮었다. 태극기로 옷을 만들어 입는 사람들도 속출했다. 그만큼 1970년대의 숨 막히는 근엄주의에서 벗어났다고 볼 수도 있지만 여전히 국기가 표방하는 상징성에는 손상이 없어 보인다.

우리의 국기인 태극기는 약 120년의 역사를 갖고 있다. 조선은 원래 국기라는 개념이 없었다. 그런데 일본이 운요호를 출동시켜 강화도를 정탐하자 조선은 포격을 가해 이들을 제지한 일이 있었다. 나중에 강화도 조약이 체결될 때 일본은 일장기가 걸려 있는 운요호를 포격한 것에 대해 거세게 항의하였다. 조선은 국기를 운운하며 흥분하는 일본을 이해할 수 없었다. 그날의 회담 장면을 다시 구성해 보면 이러하다.

일본: 운요호가 항해 도중에 물이 필요하여 들어온 것인데 왜 포격을
      가했는가?
조선: 정체도 모르는 이양선이 예고 없이 함부로 남의 요새를 침범하였
      는데 포격하는 것이 당연하지 않은가?
일본: 배에는 분명히 국기가 달려 있는데 왜 정체 모를 이양선이라고
      하는가?
조선: 국기가 대체 무엇이오? 그리고 또 그러한 것을 달았다 한들 우리
      측에 정식 통지가 없었는데 포대 수병이 그것을 어떻게 알 수 있
      단 말인가?

일본: 우리는 왜관의 관헌을 통하여 귀국에 통고한 바 있으니 나머지는
모두 귀국의 책임이다.

이를 계기로 조선은 비로소 국기에 대한 이해가 시작되었다. 그 후
김홍집 일행이 일본에서 중국의 황준헌이 쓴 『조선책략』을 가져오면서
국기에 대한 논의가 활발해졌다. 황준헌은 이 책에서 삼각형 바탕에 용
을 그린 청나라의 용龍기를 조선의 국기로 쓰도록 권유하였다. 이는 조
선을 청나라의 속국으로 여기는 그들의 속내를 그대로 드러낸 것이다.

국기 문제가 다시 거론된 것은 조미통상수호조약이 체결되던 때였
다. 청나라의 사신으로 파견되어 조미 협상을 주선한 마건충은 김홍집
과 만나 필담을 나누었다. 마건충은 이 자리에서 황준헌이 제안한 용기
의 사용을 반대하면서 조선 국왕의 복색과 우리 민족이 즐겨하는 흰색
등을 헤아려 새로운 국기 도안을 제시하였다. 즉 하얀 바탕에 청운靑雲
과 홍룡紅龍을 그려 넣자는 것이었다. 그러면서 발톱이 다섯 개인 오조
룡은 천자의 상징이니 제후국인 조선 국기의 용은 발톱을 네 개로 하
라는 단서를 달았다. 그러나 며칠 후 다시 이루어진 회담에서 마건충
은 하얀 바탕에 반홍반흑의 태극도와 8괘를 그려 넣은 모델을 제시하
였다.

이런 논란을 거쳐 태극기가 처음 사용된 것은 1882년 박영효가 일본
에 수신사로 갈 때였다. 그는 메이지마루호를 타고 일본에 갔는데 동승
했던 영국 외교관 애스턴과 조선 국기에 대해 의논하였다. 애스턴은 선
장인 제임스가 각 나라의 국기에 밝다며 그를 소개시켜 주었다. 제임스
는 마건충의 도안대로 8괘가 다 들어가면 복잡한 데다 그리기도 힘들
다고 충고하였다. 박영효는 이를 받아들여 4괘만 남긴 대·중·소 3개

의 태극기를 만들었다.

그러나 최근 일본에서 발굴된 1882년 10월 2일자 시사신보에 의하면 태극기는 철저하게 고종이 직접 창안하였고 4괘도 지금과는 모양이 다르다고 하여 주목되고 있다.

박영효가 수신사 임무를 마치고 귀국한 이듬해 고종은 통리교섭통상사무아문의 건의를 받아 1883년 1월 27일 태극기를 정식 국기로 사용토록 전국에 공표하였다. 또한 현행 태극기가 대한민국의 국기로 정식 공포된 것은 1949년 10월 15일이었다.

1월의
모든 역사

1월 28일

■
·
■

1400년 1월 28일

조선, 제2차 왕자의 난이 일어나다

태종 이방원은 조선 건국의 일등 공신이었다. 그러나 건국 후 태조의 계비인 강 씨와 정도전의 집중적인 배척을 받았다. 정도전이 사병을 해체하려 하자 방원은 방간 등과 거사를 일으켜 정도전 및 세자 방석을 살해하였다.

제1차 왕자의 난 이후 방과가 왕위에 올랐는데 이가 정종이다. 그러나 이번에는 방간이 다음 왕위에 야심을 갖고 방원과 대립하였다. 이것을 이용해 방원에게 원한을 품고 있던 박포가 방간을 충동질하였다. 결국 송도 한복판에서 형제 사이에 살벌한 전투가 벌어졌다. 이것이 바로 '2차 왕자의 난'으로 승리의 여신은 방원의 손을 들어 주었다.

이방원은 누구나 인정하는 조선 건국의 일등 공신이었다. 정몽주를 제거하고 왕대비를 압박하여 공양왕을 폐위시킨 것도 그였다. 아버지 이성계를 새 왕조의 국왕으로 추대하는 일에도 그는 선두에 섰다. 그러나 그는 건국 후 정도전과 태조의 계비인 강 씨의 집중적인 배척을 받았다. 그들에게 방원은 눈엣가시였다. 강 씨의 아들인 세자 방석에게 가장 위험한 존재였기 때문이다.

1396년 강비가 병으로 죽으면서 권력의 한 축이 무너지자 정도전은 상당한 위기감을 느꼈다. 그는 요동 정벌을 빌미로 왕족들에게는 힘의 원천인 사병을 해체하려고 했다. 이에 그간 억눌렸던 방원의 분노가 폭발했다. 그에게 사병은 마지막 보루이자 절대 양보할 수 없는 선이었기 때문이다. 이젠 내가 죽느냐 네가 죽느냐의 문제였다. 방원은 방의, 방간 등 형제들과 정도전을 제거하기로 결정했다. 이때 방원은 정도전 일파가 태조의 병세가 위독함을 구실로 왕자들을 몰살시키려 한다는 음모를 꾸몄다. 그러고는 사병을 동원해 정도전을 급습하여 살해했다. 세자 방석도 결국 그 동생 방번과 함께 죽음을 당했다. 이것이 1차 왕자의 난이었다.

거사에 성공하자 측근들은 방원을 세자로 추대하려 했으나 방원은 전략상 극구 사양하고 방과에게 양보했다. 사건의 내막을 알게 된 태조는 고심 끝에 왕위를 방과에게 물려줬는데 그가 바로 정종이다. 그러나 정종은 허수아비에 불과하고 실권은 방원에게 있었다.

거사의 동지였던 방간은 야심이 큰 인물이었다. 그는 다음 왕위에 오를 사람은 자신이라고 생각했다. 이 때문에 방원은 늘 방간에 대한 긴장과 경계를 늦추지 않았다. 같은 침상에 누웠으나 둘은 완전히 정반대의 꿈을 꾸는 셈이었다. 방원은 실권을 잡은 이후 형제들의 사병을 없애려는 움직임을 보였다. 조정의 여론도 방원을 모두 세자로서 인정하는 분위기였다. 방간은 초조해지기 시작했고 이때 박포는 방원이 방간을 죽이려 한다고 거짓 보고하였다.

박포는 원래 1차 왕자의 난에서 공을 세운 인물이었다. 그러나 자신은 공이 많은데 도리어 지위가 여러 공신들 아래에 있다 하여 몹시 불평이 많았다. 또 사람들에게 "이무가 비록 거사에 참여하였으나, 공이 여러 사람들의 마음에 만족스럽지 못하고 또 변덕이 많아 측량하기 어렵다."라며 비난하고 다녔다. 방원은 이 말을 듣고 정종에게 아뢰어 박포를 죽주에 귀양 보냈지만 곧 소환하였다. 이 때문에 박포는 늘 방원에게 복수의 칼을 갈고 있었다. 방간은 이런 박포의 원한을 풀어줄 일종의 대리자였던 셈이다.

방간은 박포의 충동질에 불끈하여 1400년 1월 28일 다짜고짜 군사를 일으켰다. 제2차 왕자의 난이었다. 이 싸움은 한양이 아니라 송도(개성의 옛 이름)에서 일어났다. 한양의 지세에 문제가 있다고 하여 그동안 수도를 다시 송도로 옮겨 갔기 때문이었다. 송도 한복판에서 친형제 간에 벌어진 이 전투는 이숙번을 앞세운 방원 측의 승리로 끝났다. 방간은 체포되어 유배되고 박포는 끝내 목이 날아갔다. 방간을 죽여야 한다는 소리가 계속 흘러나왔지만 방원은 끝내 그가 천수를 누리도록 보장하였다.

그때 태조가 송도에 있다가 방간이 군사를 일으켰다는 말을 듣고 탄식하기를 "저 소 같은 사람이 어찌 이 지경에 이르렀느냐. 우리나라에 세족대가世族大家가 많은데 나는 매우 부끄럽다."라고 하였다. 이제 방원의 앞길을 가로막을 걸림돌은 모두 제거되었다. 1400년 11월 드디어 방원은 정종의 양위를 받아 왕으로 즉위하였는데 이가 곧 태종이다

신찬팔도지리지 편찬

세종 14년(1432) 1월 28일 조선 왕조 최초의 지리서인 『신찬팔도지
리지』가 편찬되었다. 이 책은 현재 전하지 않으나 『경상도지리지』의 사
본과 이것을 증보한 『세종실록지리지』에 의해 그 내용을 알 수 있다.
이 지리지의 편찬은 세종 6년(1424) 11월 『지지地誌』와 『월령月令』의 편
찬을 위해 변계량이 자료 조사에 착수한 데서 시작되었다.

예조에서도 각도에 통첩을 보내어 조정에서 정해준 양식에 따라 지
지 편찬의 자료를 조사하고 기록하여 춘추관으로 올려 보내게 하였다.
조정에서 정해준 양식이란 각 도의 주 · 부 · 군 · 현의 연혁과 변천, 도
내의 인구 및 호구 수 등 12개 항목에 이르는 내용이었다. 춘추관에서
는 각 도에서 보낸 자료를 토대로 맹사성 · 권진 · 윤회 등이 검토하여
『신찬팔도지리지』를 편찬하여 세종에게 바쳤다.

이 지리책은 조선 인문 지리학의 학문적 체계를 세우는 데 크게 기여
하였을 뿐만 아니라 그 뒤 조선 시대 모든 지리지의 실질적 바탕이 되
었다. 또 이 책의 편찬으로 조선 시대의 지리학은 음양 풍수지리의 수
준에서 과학으로서의 인문 지리학으로 발전하는 첫 단계로 들어섰다.

1952년 1월 28일

일본, 독도 영유권 주장

일본은 1952년 1월 28일 주일 한국 대표부에 각서를 보내 독도가 일본 영토라고 주장하였다. 이것은 1952년 1월 18일 이승만 정부가 '인접 해양의 주권에 대한 대통령 선언' 일명 '평화선'을 선포하여 독도가 우리의 영토이며 그 주변 12해리가 우리의 영해임을 확고히 한 것에 대한 대응이었다. 그러나 독도는 한일 합방 이전부터 우리의 영토이며 1946년 연합국 최고사령부가 'SCAPIN 제677호'로 인정한 한국 영토이다.

2011년 1월 28일

구제역 발생으로 유정복 장관 사퇴

2011년 1월 28일 유정복 농림수산식품부 장관이 자진 사퇴 의사를 밝혔다. 구제역이 시작된 지 석 달째, 사실상 전국이 초토화된 상황이었다.

2010년 11월 말 경북에서 첫 발생한 구제역은 한 달여 만에 경기·강원·인천·충북·충남 등 6개 광역시·도까지 퍼져 사상 최악의 사태로 치달았다. 구제역으로 4,900여 농가가 직접 피해를 입었고 돼지 263만 마리를 포함해 살처분된 가축이 280만 마리에 육박했다. 약 2조 원이 넘는 정부 재정이 투입되고 급기야 유엔식량농업기구FAO는 아시아 각국에 구제역 경계령을 내렸다.

　구제역 확산에는 여러 가지 원인이 있었지만 밀집 사육과 정부의 방역 활동에 구멍이 뚫렸다는 것이 가장 큰 문제점으로 지적되었다. 경북 안동에서 구제역이 최초로 신고된 것은 2010년 11월 23일이었지만 방역 당국은 이를 29일에야 확인하는 등 초기 대응이 미흡했다는 지적이었다. 또한 정부가 구제역 청정국 지위를 유지하기 위해 구제역 발생 후 한 달가량 백신 접종을 미뤄 더욱 빠르게 확산된 측면도 있었다.

　이로 인해 2011년 1월 1조 2,000억 원 이상의 예산이 구제역 방역에 투입되었다. 구제역 확산을 막기 위한 인력이 부족해 공무원이 과로사하거나 안전사고로 인해 숨지는 일도 발생했다. 이후 정치권은 물론 정부의 책임론이 제기되자 유정복 장관은 구제역 종식 후 자진 사퇴하겠다고 밝혔었다.

1957년 1월 28일

저작권법 공포

　우리나라의 최초의 저작권법이 1957년 1월 28일 법률 제432호로 공포되었다. 전 5장으로 본문 75개조와 부칙이 있으며 사후 30년까지 저작권을 보호한다는 내용이다. 이 저작권법은 1986년 12월 31일 법률 제3916호로 개정되었다. 이는 국제 조약 가입ucc을 전제로 전면적 개정이 이루어진 것으로 이 저작권법에서는 사후 50년까지 저작권을 보호한다. 이후 한국의 저작권법은 시대의 요청에 맞게 여러 번 개정되었다.

　저작권법은 저작자의 권리를 보호하기 위한 법률로 저작자의 권리와 이에 인접하는 권리를 보호하고 저작물의 공정한 이용을 도모함으로써 문화의 향상 발전에 이바지함을 목적으로 한다. 저작권법이 보호하는 저작물로는 어문저작물 · 음악저작물 · 연극저작물 · 미술저작물 · 건축저작물 · 사진저작물 · 영상저작물 · 도형저작물 · 컴퓨터프로그램저작물이 있다.

2003년 1월 28일

세계 최초의 캡슐형 내시경 개발

2003년 1월 28일 마이크로시스템 개발 사업단의 박종오 단장은 전 세계적으로 미국 일본에 이어 세 번째로 비타민 알약 크기(지름10mm, 길이 25mm)의 캡슐형 내시경 미로MiRO를 개발했다고 밝혔다. 6년간의 기술 개발 끝에 성공한 캡슐형 내시경 미로는 복용과 동시에 식도, 십이지장, 소장 등 소화기 계통의 출혈과 궤양, 염증, 암 등을 실시간으로 진단할 수 있다.

미로는 영상의 선명도나 성능이 기존 제품과는 비교할 수 없을 정도로 우수하며 시스템 구성도 간단하기 때문에 세계 캡슐형 내시경 시장을 주도할 수 있을 것으로 기대되었다. 검진 비용 역시 외국에 비해 70%가량 저렴한 40만 원 정도로 책정돼 경쟁력을 갖춘 것으로 평가받았다. 또한 미로는 구토를 일으키지 않으며 크기가 작아 복용이 쉽고 일반 PC나 PDA로도 영상을 볼 수 있기 때문에 시스템 구축에 드는 비용도 외국 제품의 3분의 1수준에 불과했다.

1월의
모든 역사

1월 29일

:
...

1634년 1월 29일

조선의 문신 이원익이 사망하다

'내가 죽거든 절대 후하게 장사 지내지 마라. 제물은 단지 정결히
할 뿐 사치하지 않도록 하고 십여 접시에 그치도록 하라'

– 이원익의 유서 중

이원익은 선조-광해군-인조로 이어지는 3대에 신하로서는 최고의 관직인 영의정을 지냈다. '키 작은 재상'으로도 널리 불린 걸 보면 어지간히 왜소했던 모양이다.

이원익은 태종의 5대손이다. 왕족은 4대까지 과거 시험을 금지하던 규정 때문에 그는 가문에서 처음으로 과거에 합격하였다. 하지만 승지로 근무하던 1583년 유생의 상소를 배척한 박근원의 죄에 연루되어 파직당했다.

그 후 5년간 야인으로 지내다가 권극례의 추천으로 안주목사에 임명되었다. 그는 조정에 양곡 1만 석을 청하여 기아에 시달리는 주민들을 구제하였다. 그리고 이곳에서 주목할 만한 개혁 정책 하나를 시행하는데 병사들의 훈련 근무를 연 4차에서 6차로 개선한 것이 그것이다. 이 말은 병력을 넷으로 나누어 1년에 3개월 복무하던 것을 여섯으로 나누어 2개월로 단축시킨 것을 의미한다. 그 후 이 6번제는 순찰사 윤두수의 건의로 전국적으로 확대 실시되었다.

1592년 임진왜란이 발발한 지 얼마 지나지 않아 한양은 곧 함락의 위기에 빠졌다. 이에 조정에서는 평양으로 천도하고 명에 구원을 청하기로 결정했다. 이원익은 평안도 순찰사로 임명되어 군사를 모집하라는 임무를 받았지만 평양도 위험해지자 선조는 다시 영변으로 피신했다. 평양이 함락되자 이원익은 정주로 후퇴하여 흩어진 군사를 모아 대동강 서쪽 지역을 잘 방어했다. 이듬해 1월에는 명에서 구원군으로 보낸 이여송을 도와 평양을 탈환하는 데 성공하였다. 1595년에 도체찰사로 임명된 그는 장기적으로 전쟁을 수행하는 데 디딤돌을 놓았다. 몇 년 뒤 영의정에 올랐지만 일본과 화의를 주장했던 유성룡을 변호하다 사직하였다.

이원익은 광해군이 즉위한 후 다시 영의정에 발탁되었는데, 이때 대동법을 경기도 지방에 시험적으로 실시하여 쌀로 공납을 대신하였다. 이것은 전쟁으로 파탄난 정부의 재정을 보충하고 피폐한 국민들의 부담을 줄이기 위한 조치였다. 이후 대동법은 전국적 시행 여부를 놓고 장장 100여 년이나 논란을 거듭해 왔는데 손해를 보게 된 양반 지주층의 격렬한 반대에 부딪혔기 때문이다.

대동법은 한마디로 각종 특산물 대신에 쌀로 대신 징수하는 것을 말한다. 결정적인 사실은 가구가 아닌 토지를 기준으로 세금을 부여했기 때문에 땅 부자일수록 더 많은 세금을 물어야 했다는 데 있다. 이것이 대동법이 양반 지주들에게 재앙으로 받아들여진 이유였다. 그러나 소득이 많은 자에게 그만큼 세금도 많아야 한다는 조세 정의에는 아주 부합한다. 문제는 기득권층은 자신의 철밥통을 절대 내놓지 않으려는 속성이 있다는 것이다.

대동법 100년 변천사

실시 시기	광해군 원년	인조 원년	효종 2년	효종 9년	숙종 3년	숙종 34년
실시 지역	경기도	강원도	충청도	전라도	경상도	황해도

한편 이원익은 임해군의 처형을 극구 반대했지만 끝내 저지하지 못하자 병을 핑계로 낙향하였다. 또한 대비를 폐위해야 한다는 소식을 듣고 그 부당성을 신랄하게 지적하는 상소를 올렸다가 유배되었다. 결국 인조반정으로 광해군이 쫓겨나자 이원익은 영의정으로 다시 부름받았는데 반정에 성공한 서인들만으로는 정국을 안정시키기 어려웠기 때문이었다. 이원익은 비록 남인이었지만 백성들의 신망이 두터워 그의 참여는 상징성이 매우 컸다.

광해군을 죽여야 한다는 일각의 목소리를 잠재운 것도 이원익이었다. 그는 자신이 광해군 밑에서 관리를 지냈으므로 그를 죽여야 한다면 자신도 떠나는 게 옳다며 인조를 설득했다. 정묘호란 때에도 강화도에서 왕을 보위하였다.

수차례나 영의정에 올랐지만 이원익의 삶은 청렴 그 자체였다. 그는 1634년 1월 29일 사망하면서 자손들에게 남긴 유서에서 '내가 죽거든 절대 후하게 장사 지내지 마라. 제물은 단지 정결히 할 뿐 사치하지 않도록 하고 십여 접시에 그치도록 하라'며 마지막 가는 길까지 청백리로서의 모습을 분명히 했다.

861년 1월 29일

신라 경문왕 즉위

861년 1월 29일 신라 제47대 헌안왕이 즉위 5년 만에 죽었다. 그의 아버지는 균정, 어머니는 조명부인 김씨이다.

헌안왕은 신무왕(재위 838~839)의 이복동생으로 조카 문성왕(재위 839~857)의 유언에 따라 왕위를 물려받았다. 문무왕 이후 신라의 왕위 계승은 장자를 우선시하였으나 38대 원성왕 무렵부터 실력에 의한 왕위 계승이 이루어졌다. 원성왕계 실력자들이 군사적 · 정치적 힘을 이용하여 왕위 다툼을 벌여 지배 세력은 분열되었고 왕권은 극도로 약해졌으며 반대로 지방 세력이 성장하고 있었다. 이러한 때에 헌안왕이 즉위하였는데 당시 연로했으며 그에게는 딸만 둘이 있었다.

어느 날 헌안왕은 국선 응렴이 어진 것을 보고 부마로 삼으면 좋겠다고 생각하였다. 그 사실을 알게 된 응렴의 부모는 용모가 초라한 첫째 공주보다는 얼굴이 예쁜 둘째 공주에게 장가들라고 하였다. 그러나 화랑의 무리 가운데 범교사는 '첫째 공주에게 장가가면 좋은 일이 있을 것이다'라고 일러주었다. 얼마 안 있어 왕은 응렴을 불러 "사위로 삼고 싶으니 어느 딸에게 장가들겠는가?"라고 물었다. 이에 응렴은 "첫째 공주를 택하겠습니다."라고 하였고 헌안왕은 사위를 맞은 지 얼마 후 죽었다.

사위에게 왕위를 물려주라는 헌안왕의 유언에 따라 861년 1월 29일 응렴이 왕위에 올랐는데 바로 신라 제48대 경문왕이었다.

—

1881년 1월 29일

독립운동가 김규식 출생

—

독립운동가 김규식은 1881년 1월 29일 부산 동래에서 태어났다. 그는 6세 때 고아가 되어 선교사 언더우드의 집에서 교육을 받았다. 이후 미국으로 유학하여 프린스턴 대학원에서 석사 학위를 받고 귀국하였다. 1913년 중국으로 망명하였고 1918년에는 모스크바에서 개최된 약소민족 대회에 우리나라 대표로 참가하였다.

1919년 파리에서 제1차 세계 대전 전승국들이 모여 전후 처리 문제를 논의하는 국제회의가 열리자 상하이 신한 청년단의 국민대표 자격으로 파리강화회의에 파견되었다. 1919년 4월 대한민국 임시정부가 수립되면서 평화회의 대한민국 위원 및 주 파리 위원으로서 활동하였다. 그는 일제의 조선 침략의 부당성과 한국 독립의 당위성을 청원하는 탄

원서를 제출하고 「한국 민족의 주장」 「한국의 독립과 평화」 등의 선언
서를 작성하여 배포하였다.

이후 도미하여 1919년 8월 말 구미 위원부 위원장으로 활동하다가
1921년 1월 상하이로 다시 돌아와 교육계에 관심을 가졌다. 1923년 상
하이의 푸단 대학교에서 영문학을 가르쳤으며 이어 톈진의 북양 대학
교(오늘날의 톈진 대학교), 난징 중앙정치학원, 쓰촨 대학교 등에서 강의
하며 교육가와 학자로서 활동하였다.

1942년부터 임시정부 국무위원으로 활동하다가 8 · 15 광복 후 11월
23일 백범과 함께 환국하였다. 1948년에는 남한 단독 정부수립에 반대
하고 평양을 방문하여 김구 · 김일성 · 김두봉과 4자 회담을 가졌으나
성과 없이 돌아왔다. 이후 1950년 전쟁 중 납북되어 그해 12월 사망한
것으로 알려졌다.

—

1996년 1월 29일

조선일보, 내무성 원 자료 발견

—

1996년 1월 29일 조선일보는 태평양 침략 전쟁 말기 한반도에서 강
제 연행된 조선인 징용자의 내역을 보여 주는 당시 내무성의 원 자료가
발견되었다고 보도하였다. 이는 효고 현의 재일 동포 연구가 김영달이
입수한 1944년 말과 1945년 3월 말 조선인 강제 징용자 수 집계표이
다. 이 집계표는 1백만 명을 훨씬 넘는 것으로 알려진 일제 강제 연행
의 실태를 해명해 주는 유력한 자료이다.

자료에 따르면 1945년 3월 말 현재 강제 징용된 조선인 수는 60만

4,429명으로 집계되어 있으며 이 가운데 징용 알선은 40만 2,867명, 모집은 14만 8,807명으로 분류되어 있다. 이와 함께 1944년 말 집계표의 징용자 수는 55만 1,674명으로 나와 있어 불과 3개월 사이에 무려 5만 3,000명(연 추계 21만 명)이 집단 연행되었음을 보여 주었다.

1915년 1월 29일

항일 의병장 유인석 사망

1915년 1월 29일 항일 의병장 유인석이 사망하였다. 그는 1842년 강원도 춘성군 남면에서 태어나 척화론자인 이항로의 문하에서 수학하면서 학문에 힘썼다. 그는 위정척사 운동에도 직접 참여하여 고종 13년(1876) 강화도 조약이 체결되자 문하의 유생들을 이끌고 이를 반대하는 상소를 올렸다.

1895년 을미사변이 일어나 명성황후가 시해당하고 친일 내각에 의해 단발령이 시행되자 제천에서 호좌창의진을 결성하여 창의 대장에 추대되었고 격문을 돌려 의병을 일으켰다. 충주·제천 등지에서 부패 관리들을 처치하였으나 관군에게 밀리자 만주로 망명하였다. 화이련현에 은신 중 고종 황제의 유지가 내려 한때 귀국하였다가 1898년 다시 만주로 갔다. 융희 3년(1909)에는 블라디보스토크에서 13도의군 도총재에 추대되어 이상설 등과 함께 항일 운동을 전개하였다.

1910년 국권 피탈 뒤에도 독립운동을 계속하다가 1915년 펑텐성 관덴현에서 병사하였다. 유인석은 이항로의 학통을 계승한 학자로 문하에 많은 제자를 배출하였으며『소의신편』『의암집』등을 저술하였다.

1958년 1월 29일

주한 미군, 핵무기 도입 발표

1958년 1월 29일 주한 미군은 어네스트 존 핵미사일 부대, 핵 포병대 펜토믹 사단을 한반도에 주둔시켰다고 정식 발표하였다. 또한 1959년에는 주한 미 공군에 핵탄두를 장착한 마타도어 미사일을 배치해 대대적인 핵전쟁 훈련을 하였다.

1월의
모든 역사

1월 30일

■
·
■

—

1637년 1월 30일

삼전도의 굴욕

—

송파구 삼전동에는 비 하나가 우뚝하게 서 있다. 보통은 삼전도비라고 불리지만 원래의 비명은 '대청황제공덕비'이다.

병자호란에서 승리한 청나라는 인조가 항복한 삼전도에 청 태종의 공덕을 칭송하고 자신들의 승전을 기념하는 비를 세우라고 조선에 강요하였다. 우여곡절 끝에 이경석이 글을 짓고, 오준이 글씨를 써서 인조 17년(1639) 청나라 마부태의 감독 아래 삼전도 나루터에 비를 세웠다. 비석의 앞면과 뒷면에는 한자와 만주 글자, 몽골 글자로 내용이 새겨져 있다. 굴욕의 상징이지만 역사의 교훈을 환기시켜 준다는 데 의미가 있다.

　1632년 만주 전역을 거의 수중에 넣은 후금은 조선에게 군신의 관계를 요구해 왔다. 아울러 황금과 백금 1만 냥 등 세폐를 더욱 무겁게 하고 말 3천 필, 지원병 3만을 강요하였다. 이때 후금은 명나라의 수도 베이징을 위협하고 있었다. 그러나 조선으로서는 이러한 청나라의 요구를 들어주기 힘들었다. 한편 청나라와 화의를 끊고 일전을 불사하자는 움직임도 나타났다. 1636년 2월에는 용골대가 후금 태종의 존호를 알리고 인조비 한 씨의 문상을 위해 조선에 왔다가 조선의 문서 하나를 탈취하였다. 조정에서 평안관찰사에 내린 것인데 거기에는 아주 예민한 내용이 담겨 있었다.

> 국가가 졸지에 정묘년 난을 당하여 부득이 그들과 강화를 맺어 형제국이 되었다. 그 후 10년간 그들은 자주 국경을 넘어와 약탈을 일삼고 위협하였다. 참으로 일찍이 없었던 수치이다. 백성들은 모두 이 치욕을 씻고자 분연히 일어섰다. 이제 오랑캐는 더욱 창궐하여 황제를 자칭하고 우리와 군신지국이 되겠노라 하니 어디 들을 수 있는 말인가.
> 전에 쓰라린 난을 겪은 일이 있으므로 국민에게 먼저 고한다. 이 뜻을 각도에 알리니 충의지사들은 각기 책략을 다하고 용감한 신민은 자원하여 싸움터로 나와 같이 도적을 물리치는 데 모두 일어서라.

　국호를 청나라로 고친 후금은 이를 꼬투리 잡아 왕자를 볼모로 보내 사죄하라고 협박했지만 조선은 이를 묵살했다. 그해 11월 청나라는 다시 왕자와 척화론자들을 잡아 심양으로 압송하라고 위협했으나 조선은 역시 묵살해 버렸다.

　마침내 1636년 청 태종은 12만의 대군을 몰아 압록강으로 쳐들어왔다. 이른바 병자호란으로 이들은 임경업이 버티고 있는 백마산성을 피해 한양으로 진격하였다. 청나라의 수도인 심양을 떠난 지 보름, 압록강을 건넌 지 5일 만에 한양 근방에 다다랐다. 당시로서는 대단한 기동성이었다. 인조가 허겁지겁 강화도로 피난을 떠나려 했지만 이미 한발 늦은 상태였다. 청나라의 별동대가 그새 길목을 끊어 버려 부득이 남한산성으로 피신할 수밖에 없었다.

이때 성안에 집결한 총병력은 약 1만 5천 명, 양식은 1만 4천여 석으로 최대한 절약하면 두 달쯤 버틸 수 있었다. 그러나 1년 중 가장 혹한기라 그 괴로움은 더욱 컸다. 청나라는 남한산성을 포위하고 별다른 공격 없이 시간과 싸우고 있었다. 청군은 조선군보다 추위에 강하고 군량 조달에도 유리했다. 명나라는 자기 코가 석 자라 남의 일에 끼어들 형편이 아니었고 각지에서 달려온 구원군은 모두 청군에게 격파당하여 남한산성은 사면초가에 몰렸다.

청나라와 대치한 지 40여 일이 지나자 성내의 양식은 서서히 바닥을 보이기 시작했다. 추위와 피로로 군사들의 사기는 바닥에 떨어졌다. 조정에서는 최명길을 주축으로 한 주화파와 김상헌 중심의 척화파 간의 논쟁으로 날을 샜다. 김상헌은 끝까지 싸우다 죽을 것을 주장하였다. 그러나 당장 굶주리고 얼어 죽는 병사가 속출하는 상황에서 결국 청나라에 화의를 요청하자는 주화파의 주장이 채택되었다. 청 태종은 조선국왕이 직접 성 밖으로 나와 항복하고 척화파 주도자를 결박해 보내라고 요구했다. 조선은 이 요구에 멈칫거렸고 그사이 강화도가 함락되었다는 보고가 날아들었다. 마지막 버팀목이 무너진 것으로 민심은 극도의 공황 상태에 빠졌다. 인조는 더 이상 버틸 수 없다는 걸 깨닫고 조선과 청나라 사이에 항복을 위한 회담을 진행시켰다. 청나라는 조선의 항복을 받아들이는 조건으로 12가지 사항을 요구했다. 김상헌과 정온은 화의를 반대하며 자살을 시도했으나 실패하였다. 인조는 조약이 체결되자 1월 30일 세자와 함께 서문으로 나가 삼전도로 내려갔다. 성안에는 울음소리가 가득하고 눈물은 시내를 이루었다. 인조는 청 태종에게 세 번 무릎을 꿇고 아홉 번 머리를 조아렸다. 가장 치욕적인 순간으로 이것이 이른바 삼전도의 굴욕이다.

이로써 병자호란이 끝나고, 소현 세자와 봉림 대군 등 왕자들과 척화론의 3학사인 홍익한 · 윤집 · 오달제 등은 인질로 심양에 잡혀갔다. 후에 김상헌도 척화 행적이 알려져 청나라에 압송되었고 소현 세자와 봉림 대군은 8년 뒤에야 귀국하게 된다. 송파구 삼전동에는 그날의 상흔과 치욕을 알몸으로 보여 주는 삼전도비가 지금도 우뚝 서 있다.

1948년 1월 30일

윤동주 『하늘과 바람과 별과 시』 출간

1948년 1월 30일 민족의 아픔을 노래한 윤동주의 유고시 30여 편을 모은 『하늘과 바람과 별과 시』가 간행되었다. 이 시집에는 「서시」 「자화상」 「참회록」 「또 다른 고향」 「별 헤는 밤」 「십자가」 「슬픈 족속」 등의 주옥같은 작품들이 수록되어 있다. 그는 생전에 자필로 쓴 시집을 남겨 놓았으나 시집의 출판을 보지 못한 채, 조국 광복을 목전에 둔 1945년 2월에 세상을 떠났다.

윤동주는 1917년 북간도 명동촌에서 태어나 용정에서 은진중학교를 졸업하고 연희전문학교를 거쳐 일본으로 건너갔다. 도지샤 대학 영문과 재학 중이던 그는 1943년 7월 고향집에 전보를 치고 귀국을 준비하고 있다가 귀향 직전 일본 경찰에 사상범으로 체포되었다. 이후 2년 형을 선고받고 규슈 후쿠오카 형무소에 투옥되었다가 1945년 2월 16일 옥사했다.

윤동주의 시집이 세상에 나옴으로써 비로소 그가 민족의 아픔을 시로 노래했음이 세상에 알려졌다. 그리하여 윤동주는 일제 강점기 말 저항 시인으로서 자리매김하게 된 것이다. 유고집의 서두를 장식하는 「서시」를 비롯한 대부분의 시들은 순수한 내면과 감수성이 돋보이며 진실한 자기반성과 자아 성찰을 잘 보여 주고 있다. 주로 1938~1941년의 작품에는 불안 · 고독 · 절망을 극복하고 희망과 용기로 현실을 돌파하려는 강인한 정신이 표출되어 있다. 모교인 연세대학교 캠퍼스와 일본의 도지샤 대학에는 윤동주의 시비詩碑가 세워져 있다.

1954년 1월 30일

유네스코 한국 위원회 발족

1954년 1월 30일 유네스코UNESCO 한국 위원회가 발족되었다. 유네스코는 교육 · 과학 · 문화의 보급과 국제 교류 증진을 통하여 국가 간의 이해와 세계 평화에 기여하고자 1946년 11월에 발족한 유엔 산하 전문기관으로 우리나라는 1950년 회원국으로 가입하였다. 유네스코 한국 위원회는 한국 정부를 대표하여 유네스코 활동에 참여한다. 주요 활동은 국민의 상호 이해 증진을 위해 필요한 국제 협력, 대중 교육과 문화 보급의 촉진 및 장려, 지식의 유지 및 증대 등이다.

1월의
모든 역사

1월 31일

■
■
■

1906년 1월 31일

일제, 한국 공사관 폐쇄

1906년 1월 31일 일제는 한국 주재 공사관의 문을 닫고 2월 1일 자로 통감부를 설치하였다. 통감부를 관리할 임시 통감에는 하세가와 요시미치가 임명되었다. 한국 주재 일본 공사관은 고종 17년(1880) 11월 16일 하나부사 요시모토가 조선국주차 변리공사 자격으로 서울에 파견되면서 시작되었다.

일제가 공사관을 폐쇄하고 잇따라 통감부를 설치한 것은 1905년 11월 17일 우리 정부와 강제로 맺은 제2차 한일 협약(을사조약)에 따른 발 빠른 조처였다. 통감부를 설치함으로써 일제는 제1차 한일 협약에 의해 경찰 치안권을 빼앗아간 데 더하여 대한제국의 외교권까지 대신 행사하게 되었다. 통감부는 고문 정치를 통하여 전면적으로 내정에 간섭하였으므로 대한제국은 사실상 종속된 것과 다름없었다.

임시 통감 하세가와 요시미치는 2월 한 달간 재직하였으며 이어 3월에 초대 통감 이토 히로부미가 부임함으로써 통감 정치를 본격화하여 한일 합방을 위한 사전 공작을 시작했다.

1951년 1월 31일

북한 부수상 김책 사망

1951년 1월 31일 북한의 부수상 김책이 심장마비로 사망하였다. 김책은 1903년 함경북도 학성에서 태어나 중국 옌지에서 유년 시절을 보냈다. 1936년 이후 조국 광복회 조직에 참여하고 항일 전투에서 지휘관으로 참가하다가 8 · 15 광복 후 김일성과 함께 귀국하였다. 1948년에는 북조선 노동당 중앙위원회 위원 부수상 겸 산업상을 지냈고 6 · 25 전쟁 당시 전선 사령관으로 참전하여 전사한 것이다.

김일성은 사후 그의 업적을 기리기 위해 도시 등에 이름을 붙여 김책시 · 김책공업지구 · 김책공업대학 등으로 명명하여 각별히 예우하였다.

1월의 모든 역사 _ 한국사

초판 1쇄 인쇄 2012년 1월 1일
초판 1쇄 발행 2012년 1월 5일

지은이 이종하

펴낸이 김연홍
펴낸곳 디오네

출판등록 2004년 3월 18일 제313-2004-00071호
주소 121-865 서울시 마포구 연남동 224-57
전화 02-334-7147 **팩스** 02-334-2068
주문처 아라크네 02-334-3887

ISBN 978-89-92449-80-9 03900
      978-89-92449-79-3(세트)